Geschichtsphilosophie zur Einführung

Johannes Rohbeck

Geschichtsphilosophie zur Einführung

JUNIUS

In Erinnerung
an meinen Vater Paul Rohbeck,
dessen Bücher ich benutzt habe

Junius Verlag GmbH
Stresemannstraße 375
22761 Hamburg

© 2004 by Junius Verlag GmbH
Alle Rechte vorbehalten
Umschlaggestaltung: Florian Zietz
Titelbild: Der Turmbau zu Babel,
unbekannter flämischer Maler (17. Jh.)
Pinacoteca Nazionale, Siena
Satz: Junius Verlag GmbH
Printed in the EU 2024
ISBN 978-3-88506-602-6
4., ergänzte Aufl. 2024

Bibliografische Information der Deutschen Nationalbibliothek
Die Deutsche Nationalbibliothek verzeichnet diese Publikation in der
Deutschen Nationalbibliografie; detaillierte bibliografische Daten
sind im Internet über http://dnb.dnb.de abrufbar.

Inhalt

Vorwort 7

Einleitung
Historische Orientierung und Begriff der Geschichte 9

Erstes Kapitel
Geschichtsphilosophie: Fortschritt ohne Ende? 23

   1. Universalgeschichte und Teleologie (Turgot) 29
   2. Fortschritt als Verfallsgeschichte (Rousseau) 37
   3. Kritik der historischen Vernunft (Kant) 43
   4. Vernunft in der Geschichte (Hegel) 52
   5. Geschichte als wirklicher Lebensprozess (Marx) 62

Zweites Kapitel
Historismus: Wie ist historische Erkenntnis möglich? 73

   1. Die neue Methode (Vico) 80
   2. Logik der Geschichtswissenschaft (Droysen) 85
   3. Hermeneutik und historisches Verstehen (Dilthey) ... 91
   4. Ethik und Geschichte (Troeltsch) 97
   5. Geschichte und Erzählung (Ricœur) 103
   6. Literarische Formen der
      Geschichtsschreibung (White) 108

Drittes Kapitel
Kritik und Posthistoire: Ende der Geschichte? 115
1. Kultur und Krise (Burckhardt) 120
2. Kritische Historie (Nietzsche) 127
3. Die rettende Kraft der Erinnerung (Benjamin) 133
4. Kritik der Geschichtsphilosophie
   (Horkheimer und Adorno) 137
5. Geschichte anders denken (Foucault) 140
6. Ende der Geschichtserzählung (Lyotard) 146

Ausblick
Geschichtsphilosophie – Historismus – Posthistoire:
Versuch einer Synthese 151

Anhang
Literatur 168
Über den Autor 177

Vorwort

Dieses Buch ist aus Vorlesungen hervorgegangen, die ich an der Technischen Universität Dresden gehalten habe. Sie waren als Einführung in die Geschichtsphilosophie konzipiert und entsprechen so auch dem Zweck dieses Buches. Die Darstellung geht von alltäglichen Geschichtsbildern aus, konzentriert sich auf die wichtigsten Autoren und Theorien von der europäischen Aufklärung bis zur Gegenwart und berücksichtigt aktuelle Problemlagen.

Doch bietet dieses Buch mehr als eine Einführung. Auswahl und Einteilung erfordern eine Systematisierung, für die sich in der Forschung kein Kanon finden lässt. Besonders auf dem Feld der Geschichtsphilosophie mangelt es an einer grundlegenden Orientierung, die hier mit geleistet werden muss. So verstehe ich diesen Text zugleich als einen Beitrag zur wissenschaftlichen Diskussion.

Ich danke Helena Döring für Literaturrecherchen sowie Peggy H. Breitenstein und Balthasar Haussmann für die fachlich kompetente Redaktion des Manuskripts. Andreas Arndt und Gerhard Voigt verdanke ich weitere wertvolle Hinweise.

Dresden, im Juli 2004   Johannes Rohbeck

Einleitung
Historische Orientierung und Begriff der Geschichte

Heute scheint es eine Selbstverständlichkeit zu sein, dass Menschen, Völker und Kulturen oder gar die ganze Menschheit eine Geschichte haben. Geschichte ist gleichsam zur zweiten Natur geworden. Bekannt ist das Thema bereits aus der Alltagserfahrung, wenn man sich die eigene Lebensgeschichte vorstellt. Ferner ist das Fach Geschichte aus dem Schulunterricht vertraut, in dem weltgeschichtliche Ereignisse behandelt werden. Wer dieses Fach studiert, macht Geschichte zu einer wissenschaftlichen Disziplin. Unter diesen Voraussetzungen und in diesen Bezugnahmen ist Geschichte auch ein Thema der philosophischen Reflexion, d.h. der *Philosophie der Geschichte* oder *Geschichtsphilosophie*.

Zunächst werden einige alltägliche Zugänge zur Geschichte skizziert, die andeuten, über welche Vorstellungen von Geschichte die Menschen schon im praktischen Umgang verfügen. Einige dieser Geschichtsbilder werden in der Philosophie der Geschichte aufgegriffen und verallgemeinert. Sodann werden erste Begriffsbestimmungen eingeführt: Was ist Geschichte? Was ist Geschichtsphilosophie? Schließlich folgt ein Überblick über die in diesem Buch behandelten Typen von Philosophie der Geschichte.

Alltägliche Geschichtsbilder

Denkt man über das eigene Leben oder über das Leben anderer Menschen in Familie und Freundeskreis nach, so stellt sich die Geschichte eines Individuums als *Kreislauf* dar: Geburt, Kindheit, Jugend, Blüte, Alter, Tod. Dieses Bild vom Werden und Vergehen bildet die ›natürliche‹ Einstellung zur Geschichte. Die Verlaufsformen von Natur und Geschichte stimmen hier überein. Das Geschichtsbewusstsein gründet sich auf eine naturale Zeitauffassung, die vom organischen Wachstum geprägt wird.

Die individuelle Lebenserfahrung lässt sich auf die Geschichte der ganzen Menschheit beziehen. Auf Reisen betrachten wir etwa die Ruinen aus früheren historischen Epochen; wir erleben die verfallenen Bauwerke als Zeugnisse vergangener Kulturen und damit als Symbole des Aufstiegs und Untergangs in der Geschichte. In der Tat haben viele Philosophen das Modell des *Lebenszyklus* auf die Geschichte im Ganzen übertragen: Auch die Geschichte von Staaten, Nationen und Kulturen folgt dem Verlauf von Blüte und Verfall. (Schlobach, 191 ff.; Blumenberg, 180 ff.) Damit stellt sich die bange Frage, an welchem Punkt sich die eigene Kultur gerade befindet. Geht es in Zukunft weiter aufwärts oder sind wir schon in der Phase des Abstiegs?

Ein ebenso ›natürliches‹ Bild von der Geschichte ist die *Zeitachse* mit fortlaufenden Jahreszahlen, auf der die historischen Ereignisse eingetragen werden. Diese Darstellung der Geschichte nennen wir *Chronologie*, weil in ihr die kosmische Zeit das einzige Ordnungsschema liefert. Viele populäre Geschichtsbücher tragen den Titel »Chronik«, wie z.B. »Chronik des 20. Jahrhunderts«, »Chronik des Mauerfalls« oder »Chronik der Fußball-Weltmeisterschaft«. Damit soll offenbar das ›naive‹ Geschichtsbewusstsein der Menschen angesprochen werden.

Mit der linearen Zeitachse verbindet sich die Idee des *Fortschritts*, die in unserer modernen Lebenswelt, vor allem in den Bereichen Wissenschaft und Technik, eine Rolle spielt. Ingenieure sprechen ständig von ›Fortschritten‹, weil sie auf ihren speziellen Gebieten dafür ziemlich eindeutige Parameter vorweisen können. Exemplarisch ist die Erfolgslinie der Mikroelektronik: sprunghaft steigende Speicherkapazität und Rechengeschwindigkeit wie umgekehrt rapide sinkende Preise als Indikatoren für wachsende Produktivität. Derartige Verlaufskurven begründen die Zeiterfahrung eines beschleunigten Wandels, dem das Geschichtsbild eines *aufsteigenden Pfeils* entspricht. Diese Metapher orientiert sich nicht mehr am zyklischen Wachstum oder an der gleichförmigen kosmischen Zeit, sondern an den von den Menschen erzeugten Kulturgütern.

Kombiniert man die Geschichtsbilder Zyklus und Pfeil, ergibt sich das Modell der *Spirale* als zyklische Aufwärtsbewegung. Das Umschlagbild des vorliegenden Buches zeigt dieses Symbol des Fortschritts, dargestellt im »Turmbau zu Babel« eines unbekannten flämischen Malers des 17. Jahrhunderts. Der Titel bezieht sich auf die biblische Geschichte, in der Gott die Erbauung einer bis zum Himmel ragenden Stadt mit der Zerstreuung der menschlichen Sprache bestraft. (Genesis 11, 1-9) So wird der Turm zum Sinnbild von Kulturleistung und Überheblichkeit zugleich.

Heute bereitet uns die Fortschrittsidee zunehmende Schwierigkeiten. Die Katastrophen des letzten Jahrhunderts, die sich eher verschärfende soziale Ungleichheit und die alles bedrohenden ökologischen Krisen haben den Glauben an den Fortschritt erschüttert. Die Schere zwischen der technisch-wirtschaftlichen Entwicklung einerseits und den Auswirkungen für die Menschen andererseits ist unübersehbar geworden. Selbst wenn man die gegenwärtig kursierenden Untergangsvisionen nicht teilt, lässt sich fragen, ob die Idee des Fortschritts noch ihre Berechtigung hat.

Diese Idee ist nicht zuletzt durch die Erfahrung mit anderen Kulturen problematisch geworden. Besucht man so genannte Entwicklungsländer, kann man nicht nur fremde Kulturen beobachten, sondern hat auch den Eindruck, in frühere und längst vergangene Kulturstufen versetzt zu werden. Aus der Perspektive des Fortschritts heißt es dann: Die Zeit scheint hier ›stehen geblieben‹ zu sein. Geht man von einem Stufenschema der technischen Zivilisation aus, befinden sich diese Kulturen auf einem niedrigeren Niveau. Man nennt dieses Phänomen *Gleichzeitigkeit des Ungleichzeitigen* (Koselleck 1979, 132, 325), was so viel besagen soll: An einem anderen Ort findet sich gegenwärtig eine kulturelle Praxis, die in unseren Breitengraden zeitlich früher üblich war.

Die Erfahrung des ›Ungleichzeitigen‹ hat sich im Zuge der Globalisierung noch verstärkt. Das liegt nicht nur daran, dass die Menschen immer häufiger in ferne Länder reisen. Umgekehrt ist das Ungleichzeitige auch zu uns gekommen, mittels der modernen Kommunikationstechniken wie Fernsehen und Internet sozusagen in die eigene Wohnstube. In großen Städten leben Menschen unterschiedlicher Kulturen und damit auch verschiedener Zeitschichten zusammen. Lebensgewohnheiten, die aus aufeinander folgenden Epochen stammen, werden gleichzeitig praktiziert.

Auch der *Raum* hat eine geschichtliche Struktur, indem geographische Orte an historische Zeiten erinnern. Paläste zeugen von der politischen Macht früherer Jahrhunderte, Häfen und Bahnhöfe von alten Verkehrswegen, Marktplätze von vergangenen Handelszentren. Mit den Namen von Städten und Ländern verbinden wir bestimmte Ereignisse; in der nächsten Umgebung schreiben Straßennamen Geschichte. Die historische Bedeutung ist besonders einprägsam, wenn die Ortsnamen in kurzer Zeit wechseln: 1953 wurde Chemnitz auf Beschluss der DDR-Regierung in Karl-Marx-Stadt umbenannt und 1990 nach einer Volksabstimmung wieder in Chemnitz. Diese Beispiele verdeutlichen, wie Geschichte im Raum erfahren wird.

Historische Orientierung

In den alltäglichen Geschichtsbildern ist erkennbar geworden, dass die Vorstellungen von Geschichte sehr unterschiedlich sein können. Daraus folgt: Die Geschichte ist *kein bloßes Faktum*, das man in der Geschichtswissenschaft oder Philosophie nur abzubilden bräuchte. Vielmehr ist dasjenige, was wir Geschichte nennen, eine Frage der Interpretation. Standpunkt und Perspektive bestimmen, wie wir historische Ereignisse beschreiben und beurteilen oder was wir überhaupt unter Geschichte verstehen.

Radikalisiert man diesen Gedanken, entsteht Geschichte erst durch die Art und Weise, in der die Menschen von den vergangenen Ereignissen wissen. Dieses Wissen hängt wiederum davon ab, über welche Zeugnisse der Vergangenheit sie verfügen, wie sie sich an die Überlieferungen erinnern und was sie davon auch wieder vergessen. Ein solches *Gedächtnis* darf man sich nicht als neutralen Speicher vorstellen, weil die Erinnerung immer auch von Interessen, Emotionen und Wertvorstellungen geprägt wird. Das *historische Bewusstsein* wählt daher bestimmte Ereignisse aus, es deutet und wertet sie. Selbstverständlich wird die Geschichte nicht frei erfunden, schließlich müssen historische Quellen berücksichtigt werden. Aber was aus Geschehnissen erst Geschichte macht, ist die Konstruktion der rückblickenden Betrachter.

Außerdem hat sich gezeigt, wie das Bild der Geschichte nicht nur von der Erfahrung mit der Vergangenheit, sondern auch von den *Erwartungen an die Zukunft* abhängt. (Koselleck 1979, 349 ff.; Rohbeck 2013, 23 ff.) Die Menschen vergewissern sich ihrer gegenwärtigen Situation, indem sie sich auf den vergangenen Geschichtsverlauf besinnen, um daraus den künftigen Verlauf erahnen zu können, wie sie umgekehrt ihre Zukunftserwartungen in die Vergangenheit projizieren. Der wechselseitige und spannungsvolle Zusammenhang von Vergangenheitsdeutung, Gegenwartsverständnis und Zukunftsperspektive ist also für das Geschichtsbewusstsein konstitutiv. (Rüsen 1994, 7, 215 f.)

Auf diese Weise kann die Geschichtsbetrachtung dazu beitragen, *Identität* zu stiften; das gilt für einzelne Individuen wie für soziale Gruppen. Mit Hilfe von Tagebüchern, Lebensläufen und Erzählungen vergewissern wir uns der eigenen und fremden Identität. Wer jemandem mitteilen möchte, wer er ist, erzählt seine Lebensgeschichte. Dieses Verfahren lässt sich auf gesellschaftliche Institutionen, nationale Kulturen und Staaten anwenden. Schulen und Firmen pflegen ihre Geschichtsschreibung, wenn sie etwas auf sich halten; Staaten haben ihre nationalen Gedenktage und Feiern. Denkmäler symbolisieren geschichtliche Ereignisse und nationale Identität. Dadurch dokumentieren die Menschen ihr Gefühl der Zugehörigkeit zu einer bestimmten Tradition und Gemeinschaft. (Angehrn, 183) Dabei geht es auch um *Macht* – um die Deutungsmacht, Geschichte darzustellen und damit über das Geschichtsbewusstsein der Menschen zu verfügen.

Doch erschöpft sich Geschichtsbewusstsein nicht in der Identitätsbildung. Die Vergegenwärtigung des Vergangenen dient auch der Orientierung in der *Lebenspraxis*. Der praktische Umgang mit den Zeugnissen der Vergangenheit ist unsere Geschichtskultur, die wiederum Bestandteil unserer sozialen und politischen Kultur ist. (Rüsen 1994, 211 ff., 219) Nicht zuletzt ist daher die Aneignung von Geschichte mit politischer Praxis verbunden.

Was ist Geschichte?

Wie die bisherige Redeweise demonstriert, hat das Wort Geschichte eine doppelte Bedeutung. Es bezeichnet sowohl die *Darstellung* der Geschichte in der Historiographie als auch den *Sachverhalt* Geschichte als zeitlich aufeinander folgende Ereignisse. Darin liegt eine Eigenart des modernen Geschichtsbegriffs, auf die schon Hegel aufmerksam gemacht hat (Werke 12, 83; vgl. Thies 2021, 5 f.).

Einerseits bedeutet Geschichte also *Darstellung*, so wie man eben eine Geschichte oder Geschichten erzählt. Man erzählt beispielsweise die Geschichte einer Reise, eines Lebens, einer Institution oder einer Nation. In diesem Sinn tragen Bücher Titel wie »Geschichte der Französischen Revolution«, »Geschichte Europas« oder »Geschichte der Technik«. Dem entspricht das alte, aus dem Griechischen und Lateinischen stammende Wort *Historie* (historia), mit dem das über ein Gebiet versammelte Wissen gemeint ist.

Die erwähnte *Chronik*, die sich lediglich an der Zeitenfolge orientiert, ist eine elementare Form der Darstellung. Davon hebt sich die eigentliche *Erzählung* ab, in welcher der historische Inhalt die Komposition der Geschichtsschreibung bestimmt. Das gilt z.B. für die Fortschrittsgeschichte, die sich am Rhythmus der technischen Erfindungen, wissenschaftlichen Entdeckungen und sozialen Errungenschaften orientiert. Eine solche Erzählung hat ihr eigenes moralisches und politisches Ziel, wenn etwa die Geschichte als Prozess der Zivilisation beschrieben wird. Eine Erzählung liegt auch dann vor, wenn die Geschichte weniger optimistisch oder gar als Verfallsprozess gedeutet wird. In jedem Fall verleiht die Erzählung der Geschichte eine gewisse Kontinuität sowie eine geschlossene und sinngebende Form.

Andererseits verweist das Wort Geschichte auf den *Sachverhalt*, d.h. auf den Zusammenhang von Ereignissen, die in der Vergangenheit tatsächlich geschehen sind. Ein Titel wie »Geschichte Europas« bezieht sich dann auf den Gegenstand Europäische Geschichte. So kann man auch sagen: Menschen und ganze Völker haben ihre je eigene Geschichte. Damit ist der historische Prozess gemeint, der zum Objekt einer Darstellung wird.

Auf dieser sachbezogenen Ebene kann man entweder von einem realen *Geschehen* sprechen, das wie ein Schicksal oder als Widerfahrnis empfunden wird. Oder aber man versteht die Geschichte als Resultat menschlicher *Taten*. (Meran, 28 ff.) Vor allem die Vertreter der Aufklärung sind der Überzeugung, dass die Geschichte von den Menschen ›gemacht‹ wird. Auch wenn bald Einschränkungen nötig werden, setzt sich die grundlegende Einsicht durch, dass allein die Menschen für die historischen Wirkungen ihrer Handlungen verantwortlich sind. Sofern der Zusammenhang dieser Handlungen als eine kontinuierliche Entwicklung gedeutet wird, begreift man die Geschichte im Singular; genauer: nicht als eine einzelne Geschichte, sondern als Gesamtheit von Einzelgeschichten. Seit dem 18. Jahrhundert wird aus den pluralen Geschichten der *Kollektivsingular* Geschichte (Koselleck 1975b); nun lautet das Thema *die* Geschichte.

Der moderne Geschichtsbegriff umfasst also *Darstellung und Gegenstand*. Terminologisch kann man hier zwischen *Geschichte* und *Historie* unterscheiden. Zum einen bedeutet *Geschichte* das Geschehen, das die Römer die *res gestae* (Geschehnisse) nannten; Geschichte ist hier geschehene Geschichte, wie auch der etymologische Befund verdeutlicht. Zum andern bedeutet *Historie* Bericht oder Erzählung, was im Lateinischen *rerum gestarum memoria* (Erinnerung an die Geschehnisse) heißt; Geschichte ist erinnerte oder erzählte Geschichte. Wiederum im 18. Jahrhundert werden diese beiden Bedeutungen im modernen Begriff der Geschichte verschmolzen.

Doch die ontologische Differenz zwischen Ereignis und Erzählung ist unverzichtbar für eine kritische Geschichtsbetrachtung. Die Darstellung darf mit dem Gegenstand nicht identifiziert werden, damit sie sich nicht dogmatisch auf Fakten beruft. Umgekehrt besteht die Gefahr, dass die Darstellung vom Gegenstand völlig losgelöst wird und den Bezug zu realen Ereignissen verliert. Dagegen ist einzuwenden, dass bestimmte Fakten der Geschichte unbestreitbar bleiben.

Was ist Geschichtsphilosophie?

Auch die *Philosophie der Geschichte* bezieht sich auf diese beiden Seiten, den Gegenstand und die Darstellung. Während Historiker empirische Forschungen betreiben und den ›faktischen‹ Verlauf von Ereignissen beschreiben, stellen sich Philosophen die Aufgabe, die Grundlagen und Voraussetzungen historischer Erkenntnis zu reflektieren. Dabei geht es um *materiale* und *formale* Aspekte der Geschichte.

In *materialer* Hinsicht denkt die Geschichtsphilosophie über den *Inhalt*, die Verlaufsform und den Sinn der Geschichte nach. Sie stellt Fragen wie: Hat die Geschichte ein Ziel? Gibt es einen Fortschritt in der Geschichte? Oder hat uns die wissenschaftlich-technische Evolution überwiegend Rückschritte und Verluste gebracht? Wer ist eigentlich das Subjekt der Geschichte? Lässt sich ein ›Sinn‹ in der Geschichte erkennen? Oder besteht der Sinn der Geschichte lediglich in deren Sinnlosigkeit? Wie lassen sich historische Ereignisse ethisch beurteilen?

In *formaler* Hinsicht untersucht die Geschichtsphilosophie die *Methoden* der Geschichtswissenschaft, also die Forschungs-

und Darstellungsverfahren von Historikern. In diesem Sinn wird die Philosophie der Geschichte zur speziellen Methodologie oder Wissenschaftstheorie. Auf diesem Feld stellt sie folgende Fragen: Wie ist historische Erkenntnis möglich? Besteht diese Erkenntnis im ›Erklären‹ oder nicht vielmehr im ›Verstehen‹ von Ereignissen? Welche Struktur haben historische Erzählungen? Lassen sich in der Geschichte gar Gesetzmäßigkeiten erkennen? Oder handelt es sich um ein einziges Chaos, das keinerlei Systematisierung zulässt? Gibt es überhaupt ›die Geschichte‹, oder handelt es sich nur um eine gedankliche Konstruktion?

In der Geschichte historischen Denkens gibt es eine Tendenz, die materialen Aspekte immer mehr zurückzudrängen. Man traut sich nicht mehr zu, die ›großen‹ Fragen nach Ziel und Verlauf der Geschichte im Ganzen zu stellen. Solche Spekulationen gelten als unseriös, weil sie durch die empirischen Forschungen der Geschichtswissenschaft nicht überprüft werden können. Außerdem setzt sich eine derart universale Betrachtung dem Verdacht eines totalitären Standpunktes aus. Aus diesen Gründen hat sich die Geschichtsphilosophie zunehmend auf Methodenprobleme zurückgezogen. Heute interessieren in erster Linie Repräsentationsformen des Geschichtlichen.

Diese Entwicklung hat zu einer *Krise* der Geschichtsphilosophie geführt, die bis in die Gegenwart andauert und diese Disziplin an den Rand des philosophischen Kanons drängt. Doch lassen sich in jüngster Zeit Anzeichen für ein wieder erwachendes Interesse an geschichtsphilosophischen Themen beobachten, wie einschlägige Veröffentlichungen der letzten Jahre belegen. Auch ich beabsichtige mit diesem Bändchen, zur *Aktualisierung der Geschichtsphilosophie* beizutragen. Dabei versuche ich, formale und materiale Aspekte miteinander zu verbinden (Rohbeck 2020, 7-80). Auch wenn eine Gesamtdeutung der Geschichte problematisch geworden ist, bleibt doch die Aufgabe einer philosophischen Orientierung im Bereich des Geschichtlichen bestehen.

Weil zur Beantwortung dieser Fragen bestimmte Normen und Werte vorausgesetzt werden, steht die Geschichtsphilosophie im Kontext der *praktischen Philosophie*. Ihr Thema ist die Geschichte als sich in der Zeit verändernder Handlungszusammenhang von Individuen unter politischen, gesellschaftlichen und kulturellen Bedingungen. Daraus resultiert die Verbindung zur Handlungstheorie, Ethik, politischen Philosophie und Kulturphilosophie. Geschichtsphilosophie versteht sich so als ein interdisziplinäres Projekt.

Dabei sollte man die Geschichtsphilosophie selbst nicht ungeschichtlich betrachten. Denn das Geschichtsverständnis hat sich im Laufe der Zeit fortwährend geändert. Indem die Theorie der Geschichte einem historischen Wandel unterworfen ist, wird sie von ihrem eigenen Gegenstand erfasst. Wir sollten uns daher darüber im Klaren sein, dass der moderne Geschichtsbegriff das Ergebnis eines geschichtlichen Prozesses ist. Dieser Selbstbezug gilt nicht zuletzt für die Geschichtsphilosophie.

Betrachtet man die Geschichte der Geschichtsphilosophie, ist zwischen einer *allgemeinen Disziplin*, in der heute noch geforscht und gelehrt wird, und einem *historischen Denktyp*, der von der europäischen Aufklärung bis Hegel dauerte, zu unterscheiden. Auf diese besondere Epoche der Geschichtsphilosophie folgen dann die Typen Historismus und Posthistoire. Will man diese Unterscheidung begrifflich kenntlich machen, so lässt sich von einer *Geschichtsphilosophie* im engen und einer *Philosophie der Geschichte* im weiten Sinn sprechen; letztere gilt dann als übergreifende oder auch spätere Reflexion auf das historische Bewusstsein. Paradox formuliert handelt es sich um die Philosophie der Geschichte nach dem Ende der Geschichtsphilosophie (Baumgartner).

Geschichtsphilosophie – Historismus – Posthistoire

Während andere philosophische Disziplinen wie Metaphysik, Ethik oder Politik bereits in der Antike entstanden sind, bildete sich die Geschichtsphilosophie erst in der zweiten Hälfte des 18. Jahrhunderts heraus. Gewiss haben sich schon frühere Philosophen Gedanken über Geschichte gemacht. Doch weil eine systematische Geschichtstheorie fehlte, wird das historische Denken der Antike, des Mittelalters und der Renaissance in diesem Buch nicht behandelt. Seit der Aufklärung, in welcher auch der moderne Begriff der Geschichte und des Fortschritts geprägt wurde, kann überhaupt von *Geschichtsphilosophie* gesprochen werden. Sie erlebte ihre Blüte im deutschen Idealismus bei Hegel und endete bereits in den materialistischen Umdeutungen durch Marx.

Später wurden die geschichtsphilosophischen Ideen der Weltgeschichte und des Fortschritts wie überhaupt die moderne Zivilisation einer Kritik unterzogen. Der inhaltlichen Skepsis entsprach ein Rückzug auf die Theorie historischen *Wissens* und einer spezifischen *Methode*. Dahinter stand die Institutionalisierung und Professionalisierung der Geschichtswissenschaften, die sich seitdem von der Philosophie der Geschichte ablösten. In methodologischer Anlehnung an Kant untersuchten Droysen und Dilthey vor allem die Bedingungen wahrer historischer Erkenntnis. So ist im 19. Jahrhundert die Geschichtsphilosophie durch den *Historismus* abgelöst worden.

In der These vom ›Ende der Geschichte‹ oder *Posthistoire* verbinden sich die inhaltliche und die methodische Kritik am geschichtsphilosophischen Denken. Nietzsche kritisiert den Historismus, dessen historische Bildung keine Orientierung mehr zu geben vermag; für Foucault wird Geschichte zur bloßen Ideologie der Macht. Angesichts von Hiroshima und Auschwitz deuten Horkheimer und Adorno den Fortschritt als Verfallsprozess um und begründen damit eine ›negative‹ Geschichtsteleologie. Im Zuge alltäglicher Erfahrungen mit der modernen Zivilisation konstatieren andere Philosophen wie Lyotard ein »Ende der großen Geschichtserzählung«. Die Geschichte ist angeblich am ›Ende‹, weil der technische Fortschritt für die Menschen keinen ›Sinn‹ mehr zu stiften vermag.

Damit haben sich drei Typen historischen Denkens herauskristallisiert: *Geschichtsphilosophie*, *Historismus* und *Posthistoire*. Diese Typen werden den Leitfaden der folgenden Ausführungen bilden. Da es hier nicht möglich und auch nicht wünschenswert ist, eine vollständige Darstellung der Geschichte der Philosophie der Geschichte zu bieten, werde ich mich auf eine historisch-systematische Typologie der genannten Großorientierungen konzentrieren.

Das hat auch Konsequenzen für den Aufbau des vorliegenden Buches. Im Großen und Ganzen folgen die genannten Typen auch zeitlich aufeinander: Die Geschichtsphilosophie dominiert vom 18. bis zum beginnenden 19. Jahrhundert, der Historismus ist vor allem ein Phänomen des 19. und beginnenden 20. Jahrhunderts, die radikale Kritik an der Geschichtsphilosophie und das Posthistoire gehören zur zweiten Hälfte des 20. Jahrhunderts. Aus systematischen Gründen werden zeitliche Überschneidungen integriert. Zur Veranschaulichung dient das Schema auf der folgenden Seite.

Die heuristische Funktion dieses Schemas wird sich hoffentlich erweisen. Die großflächige Einteilung erlaubt einen ersten Überblick über die verschiedenen Grundtypen geschichtsphilosophischen Denkens. Umgekehrt führen die fortlaufenden Spiegelungen zwischen diesen Typen zu überraschenden Differenzierungen, wie vor allem der kritische Rückblick des Posthistoire auf Geschichtsphilosophie und Historismus verdeutlichen wird.

Im Schlusskapitel sollen dann vor allem die Gemeinsamkeiten im Vordergrund stehen. Das Ziel dieser Darstellung besteht im Versuch einer rettenden Kritik der ursprünglichen Geschichtsphilosophie unter Einschluss der anderen Richtungen. Da ich also nach einer Verbindung zwischen den genannten Großorientierungen suche, lautet die abschließende Frage: Wie ist Geschichtsphilosophie heute möglich? So ist die Überschrift des »Ausblicks« zu verstehen: Geschichtsphilosophie, Historismus, Posthistoire – Versuch einer Synthese. Diese Synthese sehe ich in einer *kritischen Geschichtsphilosophie.*

Geschichts-philosophie	Turgot Rousseau Kant, Hegel Marx				
Historismus	Vico		Droysen, Dilthey Troeltsch Ricœur, White		
Posthistoire			Burckhardt, Nietzsche Benjamin Horkheimer, Adorno Foucault, Lyotard		
Zeit	1750	1800	1850	1900	1950	2000

Erstes Kapitel
Geschichtsphilosophie: Fortschritt ohne Ende?

Der erste Typ philosophischen Nachdenkens über die Geschichte ist die *Geschichtsphilosophie* im engen Sinn, also die historische Denkrichtung seit der Mitte des 18. Jahrhunderts bis zum Anfang des 19. Jahrhunderts. Trotz der Unterschiede zwischen den einzelnen Positionen halte ich es für sachlich gerechtfertigt und einer Grundorientierung dienlich, einen solchen gemeinsamen Typus mit folgenden Merkmalen vorzustellen.

Die Geschichte wird von der Chronologie abgekoppelt und verweltlicht; aus der mittelalterlichen Heilsgeschichte wird eine von den Menschen ›gemachte‹ Geschichte. Ihr wird eine lineare und aufsteigende Verlaufsform zugeschrieben mit der Tendenz zum ›Fortschritt‹. Damit erhält die Geschichte eine Einheitlichkeit, die sich sprachlich im Kollektivsingular niederschlägt.

Diese allgemeinen Merkmale treffen prinzipiell von der Aufklärung bis Hegel zu, sie werden dort sogar auf die Spitze getrieben; bei Rousseau und Kant finden sich einige Einschränkungen, die jedoch am geschichtsphilosophischen Duktus nichts ändern. Marx kritisiert zwar Hegel, setzt aber dessen Methode mit anderen Inhalten fort. Ob idealistisch oder materialistisch, ob fortschrittsgläubig, kulturkritisch oder skeptisch, ob ökonomisch, politisch oder moralisch begründet – in jedem Fall handelt es sich um eine säkulare und zielgerichtete Weltgeschichte. Diese Merkmale sollen nun idealtypisch systematisiert werden, um in die Einzeldarstellungen einzuführen.

Begriff und Methode

Es war der französische Aufklärer Voltaire (1694-1778), der den Begriff »Philosophie der Geschichte« (1765) erstmals geprägt hat. Mit dieser Wortschöpfung verband er den Anspruch auf Wissenschaftlichkeit, was damals gleichbedeutend mit Philosophie war. War die Geschichte noch in der Frühen Neuzeit aus dem Kanon der Wissenschaften ausgeschlossen, soll sie nun methodisch erforscht und dargestellt werden. Auch wenn Voltaire einräumt, dass historische Erkenntnis nicht denselben Gewissheitsgrad wie Mathematik und Naturwissenschaften erreichen könne, so bemüht er sich doch um ein möglichst hohes Maß an »Wahrscheinlichkeit«, indem er die »Tatsachen« mit Hilfe historischer Quellen überprüft und die Ereignisse aus »natürlichen Ursachen« erklärt. Von den Kenntnissen vergangener Geschichte verspricht er sich einen Nutzen für die gegenwärtige Lebenspraxis.

Seit der Mitte des 18. Jahrhunderts entstehen im Kontext der Philosophie zunehmend Schriften, welche die Geschichte zu einem eigenen Thema machen. Dabei löst sich die Philosophie der Geschichte allmählich von der Geschichtsschreibung. Waren die philosophischen Reflexionen bisher in historiographischen Werken verstreut oder auf deren Einleitungen beschränkt, werden erstmals auch Texte mit einem Überblick über die Geschichte im Ganzen oder zu allgemeinen Themen publiziert. Aus solchen Entwürfen entwickelt sich ein neues philosophisches Feld, innerhalb dessen ein Problem kontinuierlich bearbeitet wird. Im Laufe der Zeit spannt sich ein gemeinsamer theoretischer Bogen von der Aufklärung bis Hegel.

Säkularisierung und Weltgeschichte

Ein wesentliches Merkmal der Geschichtsphilosophie ist die *Säkularisierung*. Der Prozess der Verweltlichung ist typisch für die europäische Aufklärung insgesamt, in der einerseits Kritik am dogmatischen Christentum, insbesondere an der katholischen Kirche, geübt und andererseits der Aufbau eines eigenen Weltbildes angestrebt wird, zu dem jetzt auch das neue Thema Geschichte gehört. Diese Definition widerspricht einem verbreiteten Begriff der Säkularisierung, nach dem die Geschichtsphilosophie nichts anderes als eine Heilsgeschichte in weltlichem Gewand und damit letztlich gescheitert sei. (Löwith) Es wird zu zeigen sein, dass die Aufklärer von spezifisch modernen Problemen ausgegangen und zu deren Lösung eigenständige theoretische Ansätze entwickelt haben.

Voltaire versteht seinen *Versuch über die Universalgeschichte und über die Sitten und den Geist der Völker* (1756) als Gegenprogramm zur christlich-theologischen *Universalgeschichte* (1681) von Jacques Bénigne Bossuet (1627-1704). Der mittelalterlichen Tradition folgend hatte Bossuet die Historie in eine »heilige« und eine »profane« Geschichte aufgeteilt, wobei die Heilsgeschichte den Vorrang hatte und die Geschichte der irdischen Welt dem Heilsplan der göttlichen »Vorsehung« unterworfen war. Demgegenüber behandelt Voltaire ausschließlich die profane Geschichte, die er als die *eine* Geschichte schlechthin begreift.

Dieser weltliche Zugriff führt auch zu neuen *Inhalten*. An die Stelle der göttlichen »Reiche« treten historische Epochen der aufgeklärten Zivilisation. Anstelle von Staatsaktionen möchte Voltaire die Geschichte von Handel, Industrie und Wissenschaft darstellen. Damit verlagert sich das Interesse von einzelnen Begebenheiten auf gesellschaftliche Zustände, von der Ereignisgeschichte zur Strukturgeschichte.

Dahinter steht die Überzeugung, die zivilisatorischen Errungenschaften seien Resultate des »menschlichen Geistes«. Das bedeutet nichts Geringeres als die Behauptung: Die Geschichte wird von den Menschen ›gemacht‹. Der Mensch ist ›Werkmeister‹ seiner eigenen Geschichte. Emphatischer kann man den Anspruch der säkularisierten Moderne nicht formulieren. Doch wird sich zeigen, welche neuen Probleme dadurch entstehen.

Der Prozess der Säkularisierung ist eng mit dem Begriff der *Weltgeschichte* verbunden. Während frühere Entwürfe einem einzelnen Ereignis wie dem Leben Christi eine weltgeschichtliche Bedeutung zuschrieben, wird seit dem 18. Jahrhundert die Universalgeschichte zu einem global erfahrbaren Prozess. Im Zuge kolonialer Entdeckungen und Eroberungen geraten auch außereuropäische Länder wie China, Indien und Amerika in den Blick. Die neue Idee der Weltgeschichte setzt nun ausdrücklich die *Vielheit der Kulturen* voraus, die inzwischen konkret untersucht, miteinander verglichen und gewürdigt werden. Trotz berechtigter Kritik am eurozentristischen Standpunkt darf nicht übersehen werden, dass sich die Aufklärung zum ersten Mal darum bemüht, die vielen Kulturen des ganzen Erdballs in ein Gesamtkonzept zu integrieren.

Darüber hinaus entwickeln einige Geschichtsphilosophen den Begriff einer *realen Weltgeschichte*. Demnach besteht die Einheit der ganzen Geschichte nicht allein in der ›Idee‹ des Historikers oder Philosophen; vielmehr entsteht im 18. Jahrhundert die Einsicht, dass sich die Weltgeschichte als praktischer Handlungszusammenhang herauszubilden beginnt: als Kooperation durch wachsenden Handel und Verkehr, aber auch als wechselseitige Zerstörung durch Raubzüge und Kriege.

Chronologie und Geschichte

Der räumlichen Entgrenzung der Geschichte entspricht eine Ausdehnung der *Zeit*. Durch das Interesse an frühen Hochkulturen wie z.B. Ägypten und Babylonien, die schon vor dem Judentum existierten, werden die Anfänge der Menschheitsgeschichte so weit vorverlegt, bis sie sich im Ungewissen verlieren. Dadurch wird auch die *Chronologie* der Bibel in Frage gestellt. Folgte Bossuet allein der biblischen Zeitrechnung, stellt sich im 18. Jahrhundert die Aufgabe, die Chronologien des Alten Testaments mit den historischen Quellen der ägyptischen, griechischen und römischen Antike und sogar mit denen des Orients und Chinas zu vereinheitlichen. Durch die profane Ordnung verliert die Geschichte ihren Anfang und ihr Ende; sie wird ein nach beiden Seiten offener Prozess. Die Geschichte wird auf diese Weise entfristet. (vgl. Marquard 1993, 364 f.)

Mit den neuen Themen Wissenschaft, Technik und Gesellschaft löst sich die Geschichte schließlich von der Chronologie überhaupt ab. Die Geschichte erhält ihre *eigene Zeit*, die sich am Rhythmus eines von den Menschen hergestellten und sich beschleunigenden Zivilisationsprozesses orientiert. Dem entspricht die Perspektive des Fortschritts (Koselleck 1975a), der – wie schon der Geschichtsbegriff – zum Kollektivsingular wird.

Vernunft und Geschichte

Mit den »Fortschritten des menschlichen Geistes« verbindet sich der Anspruch auf eine *Vernunft*, die nun auch auf den *Inhalt der Geschichte* übergreift. Denn wenn behauptet wird, die Menschen machten »Fortschritte«, ist auch gemeint, sie entwickelten dabei ihre Vernunft. Das führt zu der Auffassung, letztlich setze sich die Vernunft in der Geschichte durch. Damit wird die Vernunft der einzelnen Individuen auf die Geschichte im Ganzen übertragen. In einem schwächeren Sinn bedeutet dies, dass die Idee der Vernunft vorauszusetzen ist, um die Geschichte überhaupt als einen wie auch immer bewerteten Sinnzusammenhang interpretieren zu können. Andernfalls handelte es sich nur um ein Gewirr von Ereignissen, das sich jeder Deutung entzöge.

In der Vernunftidee kulminiert die Geschichtsphilosophie von der Aufklärung bis Kant und Hegel. Besonders die Vertreter des deutschen Idealismus haben eine derartige *Vernunft in der Geschichte* reklamiert. (Angehrn, 57 f.; Arndt 2003, 105 ff.) Sie legen nicht nur einzelne Maßstäbe der Vernunft an eine gegebene Geschichte, sondern entwickeln die Geschichte aus dem Prinzip der Vernunft. Hier handelt es sich um keine überzeitliche Vernunft mehr, sondern um eine Vernunft in der Geschichte selbst. Die Geschichte soll Vernunft annehmen oder im Laufe der Zeit immer vernünftiger werden. Nach den Erfahrungen des 20. Jahrhunderts wirft diese Teleologie die größten Probleme auf. Angesichts solcher Kritik ist es mir wichtig, zwischen der Aufklärung und Hegel zu unterscheiden, damit nicht alle Einwände der Geschichtsphilosophie schlechthin zur Last gelegt werden.

Die Formulierung *Vernunft in der Geschichte* ist freilich auch umkehrbar. Wenn die Geschichte vernünftig ist, erhält die Vernunft eine Geschichte. Während sich früher angeblich ewige Vernunftwahrheiten und kontingente Geschichtsverläufe unvermittelt gegenüberstanden, wird die Vernunft nun in die Geschichte hineingezogen. Sie wird zum ersten Mal historisiert oder verzeitlicht. Geschichtsphilosophie heißt daher auch *Geschichte der Vernunft*.

Ebenso wird die Vernunft verräumlicht; sie wandert um den ganzen Erdball und befindet sich gerade dort, wo die Spitze des Fortschritts jeweils angelangt ist: von Griechenland über Italien nach Frankreich und Deutschland, von Osten nach Westen, von

Asien nach Europa – und, was die damaligen Europäer schon befürchteten, nach Amerika.

Die Geschichtsphilosophie wird also von einer eigenartigen *Ambivalenz* geprägt. Auf der einen Seite verstehen die Vertreter ihre neue Wissenschaft als *erklärende Historiographie*, die sich an den zeitgenössischen Naturwissenschaften orientiert. Auf der anderen Seite gehört zur Geschichtsphilosophie die *Teleologie der Geschichte*. Auf diese Weise oszilliert diese Theorie zwischen wissenschaftlicher Erklärung und erwartungsvoller Selbstvergewisserung. Diesen ambivalenten Denktyp gilt es nun an ausgewählten Autoren zu explizieren.

1. Universalgeschichte und Teleologie (Turgot)

Verglichen mit anderen philosophischen Disziplinen ist die Geschichtsphilosophie mit einer ›Verspätung‹ entstanden, die der Erläuterung bedarf. Dazu sind einige theoretische Voraussetzungen zu klären, die zugleich den Charakter dieses Theorietyps verdeutlichen: die Historisierung der Natur in den zeitgenössischen Naturwissenschaften, die vergleichenden Berichte über fremde Kulturen sowie das Interesse an der wirtschaftlichen Dynamik in der politischen Ökonomie. Diese Entwicklung soll nun exemplarisch an Anne Robert Jacques Turgot (1727-1781) gezeigt werden, der zu den frühen Vertretern der Geschichtsphilosophie der französischen Aufklärung gehört.

Naturgeschichte und Geschichtsphilosophie

Seit der Antike dominierte die Analogie zwischen dem Wachstumszyklus einzelner Individuen und dem Aufstieg und Niedergang ganzer Kulturen. Wie in der Einleitung gezeigt, entspricht dieses Modell unserer alltäglichen und individuellen Lebenserfahrung. Dagegen setzt sich im 18. Jahrhundert die Idee eines aufsteigenden Geschichtsverlaufs durch (Schlobach, 191 ff.); damit wird die alte *naturale* Zeitmetapher durch die Vorstellung einer spezifisch *historischen Zeit* abgelöst. Symbolisch stellt sich dies im Wandel von der Figur des Kreislaufs zum aufwärts gerichteten Pfeil dar.

Turgot ist einer der ersten Philosophen, der die Geschichte von den Lebensaltern einzelner Individuen abkoppelt. In seiner 1750 entstandenen *Philosophischen Darstellung der allmählichen Fortschritte des menschlichen Geistes* (Turgot 1990, 140-163) kann man beobachten, wie er sich aus der Lebensalter-Metapher gleichsam herausschleicht: »Und wenn man die menschliche Gattung von ihren Ursprüngen an betrachtet, so erscheint sie in den Augen eines Philosophen wie ein großes Ganzes, das selbst auch, wie jedes Individuum, seine Kindheit hat und Fortschritte macht.« (140)

Damit wandelt sich auch das Subjekt der Geschichte. Es ist nun allein die »menschliche Gattung«, welche die Grenzen der einzelnen Menschen überschreitet. An die Stelle individueller Lebenszeiten tritt die Weltzeit der ganzen Menschheit. (Blumenberg, 180 ff.) Damit behauptet Turgot jedoch nicht, die Gattung handle wie ein personales Subjekt; er versteht darunter eher den Zusammenhang der Tradierung und Akkumulation kollektiven Wissens und Könnens.

Üblicherweise bezeichnet man diesen Übergang von der naturalen zur historischen Zeit als *Denaturalisierung* oder *Verzeitlichung* der Geschichte. (Koselleck 1979, 130 ff.) Doch trifft diese Kategorie lediglich die Distanzierung vom zyklischen Modell des Lebensalters. Keineswegs ist damit erwiesen, dass Geschichte und Natur überhaupt getrennt werden.

Zunächst bilden die »aufeinanderfolgenden Generationen« (140) eine lineare Kette, welche eine neue und ebenso natürliche Grundlage der Fortschrittsgeschichte bildet. Außerdem setzt sich gleichzeitig mit dem Beginn der Geschichtsphilosophie die Einsicht durch, dass auch die Natur eine Geschichte hat. Nicht nur die menschliche Kultur, sondern auch die physische Natur im Ganzen wird während der Aufklärung historisiert. (Toulmin/Goodfield, 157 ff.)

Die Ironie besteht darin, dass im 18. Jahrhundert gerade die Naturwissenschaften großen Einfluss auf das beginnende Geschichtsdenken ausgeübt haben, wie Letzteres auch die Naturwissenschaftler inspiriert haben dürfte. So formuliert die damalige Naturgeschichte (heute Biologie) erste Ansätze der späteren Evolutionstheorie. Sogar die theologisch brisante Frage, ob der Mensch vom Affen abstammen könnte, wird zur Debatte gestellt. In der Kosmologie und Geologie wird ebenso provokativ behauptet, die Erde und das ganze Universum seien ständigen Veränderungen unterworfen und hätten eine sehr viel längere Geschichte, als die biblische Chronologie vermuten ließe. Naturgeschichte und Geschichtsphilosophie beeinflussen sich wechselseitig. (Rohbeck 1987, 31 ff.)

Dieser Übergang zum Modell der neuen Naturwissenschaften lässt sich wiederum mit Turgot demonstrieren, der in seinem *Grundriss für zwei Abhandlungen über die Universalgeschichte* (1753) feststellt: »Die Gesetze, denen die Körper folgen, bilden die *Physik*. Da sie immer gleich bleiben, beschreibt man sie, man erzählt sie nicht. Demgegenüber bietet die Geschichte der Tiere und vor allem des Menschen ein völlig anderes Schauspiel.« (168) Was Turgot hier präzisiert, ist der Wechsel eines naturwissenschaftlichen Leitbildes, der Übergang von der Physik zur verzeitlichten Naturgeschichte. Dabei wird der Unterschied zwischen Natur und Geschichte keineswegs verkannt. Im Gegensatz zu den Tieren ist der vernunftbegabte Mensch nach Turgot in der Lage, sein Wissen mittels sprachlicher »Zeichen« an seine Nachfahren »wie eine Erbschaft« weiterzugeben. (169) Die analoge Orientierung an der Naturgeschichte führt also in keinen Naturalismus, die »Fortschritte des menschlichen Geistes« werden als Kulturgeschichte konzipiert.

Kulturvergleich und Universalgeschichte

Die Geschichtsphilosophie der Aufklärung versteht sich prinzipiell als Theorie der Weltgeschichte. Auch diese globale Perspektive hat Voraussetzungen: einerseits die Kenntnis ferner Kulturen, die durch zahlreiche Reiseberichte zugänglich wurden; andererseits die Kenntnis früher Hochkulturen, die zum Gegenstand vermehrter historiographischer Forschungen wurden. Turgot radikalisiert die Universalisierung von Raum und Zeit, indem er die Geschichte möglichst aller Völker und Kulturen von ihren Anfängen bis zu seiner Gegenwart in Grundzügen darzustellen versucht. Darüber hinaus thematisiert er den realen Prozess der Globalisierung: »Schließlich verbinden Handel und Politik alle Erdteile wieder miteinander.« (141) Universalgeschichte ist keine abstrakte Idee mehr, sondern reflektiert die beginnende Tendenz zu globaler Kommunikation und Kooperation.

Aus den recht äußerlich anmutenden räumlichen und zeitlichen Entgrenzungen zieht Turgot bemerkenswerte theoretische Konsequenzen. Denn der *Vergleich* zwischen Völkern, die in unterschiedlichen Regionen und Epochen leben, führt aus der Fortschrittsperspektive zu der bahnbrechenden Entdeckung, dass verschiedene Kulturstufen nicht nur an einem Ort zeitlich aufeinander folgen, sondern auch *gleichzeitig an diversen Orten* anzutreffen sind. In seinem *Grundriss* fasst Turgot diese Einsicht knapp zusammen:

»Auch heute noch vermittelt uns ein Blick auf die Erde die gesamte Geschichte der menschlichen Gattung, indem er uns die Spuren all ihrer Schritte und die Zeugnisse all ihrer durchlaufenen Stufen zeigt, von der Barbarei, die bei den amerikanischen Völkern noch immer fortlebt, bis hin zur Zivilisiertheit der aufgeklärtesten Völker Europas.« (198)

Hier wird ein Zusammenhang charakterisiert, der später *Gleichzeitigkeit des Ungleichzeitigen* heißt. (Koselleck 1979, 132, 325; siehe Einleitung) Wie wir sahen, verlässt diese Denkfigur nicht nur die biblische Zeitrechnung, sondern die Chronologie überhaupt. Kaum jemand vollzieht diesen Schritt so explizit wie Turgot, indem er Geschichte und Chronologie auch terminologisch trennt. Er erklärt Geographie und Chronologie zu Hilfsdisziplinen der Geschichtswissenschaft (169).

Folglich erschöpft sich die Geschichte nicht mehr in raumzeitlich geordneten Ereignissen, vielmehr strukturiert sich der innere Zusammenhang der Kulturen nach einem *allgemeinen Modell kultureller Entwicklung*. Erst dadurch erhält die Geschichte ihre selbständige Struktur und ihren eigenen Inhalt. Das grundlegende Erklärungsmodell für solche Entwicklungen stellt indessen die zeitgenössische *politische Ökonomie* bereit. (Rohbeck 1987, 73 ff.) Für diese wesentliche Voraussetzung einer ›verspäteten‹ Geschichtsphilosophie spricht auch der biographische Umstand, dass Turgot selber eine bedeutende wirtschaftstheoretische Schrift verfasst hat.

Politische Ökonomie und Stadientheorie

Das Neuartige der Geschichtsphilosophie besteht nicht in der Darstellung wissenschaftlicher Entdeckungen und technischer Erfindungen, auch nicht in der Behauptung einer kontinuierlichen Serie von »Fortschritten«, wobei immer Unterbrechungen und Rückschläge eingeräumt werden. Entscheidend ist, dass um die Mitte des 18. Jahrhunderts eine *Theorie technisch-ökonomischer Stadien* entworfen wird, in der bestimmte Gesellschaftsformen aufeinander folgen. An die Stelle der Ereignisgeschichte tritt eine Geschichte institutioneller Strukturen. Der Fortschritt wird auf diese Weise zu einer sozialwissenschaftlichen Kategorie.

Auf der Grundlage der politischen Ökonomie werden die *Subsistenzweisen* der Menschen, ihre leiblichen Bedürfnisse und die Art, diese durch bearbeitete Lebensmittel zu befriedigen, zu einem zentralen Thema. Darüber hinaus liefert die Wirtschaftstheorie ein analytisches Instrument, um ökonomische Fortschritte beschreiben und begründen zu können. Zwar unterschied man schon vorher zwischen Jägern, Hirten, Ackerbauern und industrietreibenden Völkern, aber erst Turgot transformiert diese Zivilisationsstufen in einen Entwicklungszusammenhang.

Dabei ist es aufschlussreich, wie er die *Übergänge* von einer Phase in die andere erklärt. (171-175) Von den Ackerbauern heißt es: »Außerdem ernährt der Boden bei ihnen mehr Menschen, als zur Kultivierung nötig sind. Folglich gibt es Müßiggänger, Städte, Handel, all die nützlichen und angenehmen Künste; daher gibt es Fortschritte auf allen Gebieten.« (175) Es ist der jeweils erwirtschaftete *Überschuss* an Nahrungsmitteln, der das nächsthöhere Niveau ermöglicht, weil er Menschen für die entwickeltere Tätigkeit freisetzt. Erst die ökonomische Analyse von Wirtschaftszyklen erlaubt es, einen quantitativen Wertzuwachs analytisch zu fassen und damit ein »surplus« zu identifizieren, das als Bedingung weiterer Fortschritte interpretiert werden kann. Demnach setzt sich der Fortschritt aus zwei Bewegungen zusammen: aus dem *Zyklus* der Reproduktion und aus dem gleichzeitigen Zuwachs des Reichtums. So bildet die *erweiterte Reproduktion* das sozialwissenschaftliche Modell dieser Geschichtstheorie. Durch diese Stadien-Theorie gewinnt die Geschichte eine neue Dynamik.

Den neuralgischen Punkt dieser Geschichtsphilosophie bildet natürlich die Frage, ob die technischen und wirtschaftlichen Fortschritte auch positive Auswirkungen auf Politik und Moral ausüben. Hier bleibt Turgot Realist, weil er ja keinen Hehl daraus macht, dass die Geschichte ein Bild von Chaos und Grausamkeit bietet. Doch gibt es für ihn Argumente, auch auf diesen Gebieten Fortschritte für möglich zu halten. Nach Kriegen und Verwüstungen, so argumentiert er, gehen die zivilisatorischen Errungenschaften nicht verloren; Kulturen werden entweder aufgezwungen oder übernommen. (170) Außerdem schaffe das ökonomische Mehrprodukt Freiräume für mildere Sitten. (177) Schließlich verbreite der »Handelsgeist« die Idee der Gleichheit und befördere republikanische Verfassungen. (180)

Aus heutiger Sicht mag das wie pure Ideologie klingen, doch ist es ebenso unbillig, Turgot das schreckliche 20. Jahrhundert zur Last legen zu wollen. Im Anschluss an Turgot überbietet Condorcet (1743-1794) in seinem *Entwurf einer historischen Darstellung der Fortschritte des menschlichen Geistes* (posthum 1795) noch einmal die Fortschrittstheorie. Adam Ferguson (1723-1816) entwickelt hingegen im *Versuch über die Geschichte der bürgerlichen Gesellschaft* (1767) eine gemäßigte Variante. Wie sehr die Idee des Fortschritts in politischer und moralischer Hinsicht schon im 18. Jahrhundert umstritten ist, wird im nächsten Abschnitt Rousseaus radikale Zivilisationskritik demonstrieren. Eine ausdrücklich skeptische Haltung wird sich bei Kant zeigen, der die soeben genannten Argumente aufnimmt.

Teleologie der Geschichte

Die Theorie der Stadien ist *nicht* teleologisch, sondern operiert ausschließlich mit Wirkursachen. Niemals behauptet Turgot, die Menschen hätten das nächsthöhere Stadium bewusst angestrebt oder auch nur vorausgesehen. Programmatisch betreibt er die Erforschung von »allgemeinen und notwendigen Ursachen« (169) und weist damit die Möglichkeitsbedingungen für eine im Grunde offene Entwicklung nach.

Doch daneben etabliert sich in der Geschichtsphilosophie des 18. Jahrhunderts ein anderes Deutungsmuster, das in merkwürdigem Kontrast zum kausalen Erklärungsmodell steht. Es ist die *Teleologie der Geschichte*, die ein Kernproblem der neuzeitlich-klassischen Geschichtsphilosophie markiert.

Wenn der Fortschritt als aufsteigende Linie gedacht wird, stellt sich die Frage, woher die Einzelfortschritte ihre Richtung beziehen. Es fragt sich, wie aus den Handlungszielen der Individuen ein gemeinsames Ziel hervorgehen soll. Die Menschen stellen zwar Dinge her und erzeugen mit ihren Handlungen bestimmte Wirkungen, aber damit ›machen‹ sie nicht die Geschichte im Ganzen. Sie mögen zwar ihre einzelnen Zwecke verfolgen, aber den Endzweck der Geschichte können sie niemals planen. Die Zweckrationalität individueller Handlungen ist auf die ganze Menschheit nicht übertragbar. Unmissverständlich schließt Turgot die Individuen als planende Subjekte der Geschichte aus: »Mir scheint, als sähe ich eine riesige Armee, deren Bewegungen von einem großen Genie gelenkt werden.« (176)

So gipfelt dieser Theorietyp in der kränkenden Einsicht, dass die Menschen ihre Geschichte nicht zu planen und damit letztlich gerade nicht zu ›machen‹ vermögen. Die Geschichte wird als kontingentes Geschehen begriffen, das prinzipiell unverfügbar ist. (Koselleck 1979, 260 ff.; Kittsteiner 1980, 163 f.; 1998, 12 ff.; 2004, 34) Die Selbstermächtigung des Menschen erfährt bereits in den Anfängen der Moderne eine eigentümliche Brechung. Zwar sind Aufklärer wie Turgot mit der Absicht angetreten, eine Ordnung in den neuen Gegenstandsbereich zu bringen und ihn nach dem Vorbild der exakten Wissenschaften zu systematisieren, aber es ist etwas anderes dabei herausgekommen. In keiner anderen Disziplin ist so viel von Willkür und Barbarei die Rede. Zwar taucht hier die alte theologische Denkfigur der »Vorsehung« in säkularer Gestalt wieder auf (Löwith, 97), aber sie formuliert jetzt neue Erkenntnisse über die profane Welt.

Dieses ebenso zentrale wie problematische Denkmotiv der Teleologie wird uns noch bei Kant und Hegel begegnen. Erst Marx nimmt daran Anstoß; seit dem Historismus bis heute bildet es das hauptsächliche Skandalon. Doch hat sich ebenso gezeigt, dass sich die Geschichtsphilosophie in der Teleologie nicht erschöpft und durchaus aktualisierbare Erkenntnisse enthält.

2. Fortschritt als Verfallsgeschichte (Rousseau)

Berühmt geworden ist Jean-Jacques Rousseau (1712-1778) durch seine Beantwortung der von der Akademie zu Dijon 1750 gestellten Preisfrage: »Hat der Wiederaufstieg der Wissenschaften und Künste zur Läuterung der Sitten beigetragen?« In seiner *Abhandlung* (Rousseau 1978, 1-59) mit gleich lautendem Titel widerspricht Rousseau ganz eindeutig: Nein, Wissenschaft und Technik vervollkommnen nicht die Sitten, sondern verderben die Tugend der Menschen. Auf eine weitere Preisfrage antwortet Rousseau mit seiner zweiten *Abhandlung über den Ursprung und die Grundlagen der Ungleichheit unter den Menschen* (1755), in der er seine Kulturkritik geschichtsphilosophisch zu begründen versucht. (61-269)

Wie sich zeigte, hat Turgot die Erwartung geäußert, dass sich mit den zivilisatorischen Fortschritten auch die Lebensumstände der Menschen verbessern können. Rousseau schließt dies kategorisch aus und behauptet das Gegenteil; er deutet den Fortschritt in einen Verfallsprozess um. Damit hat die Fortschrittsidee ihre Unschuld verloren. Und sofern diese Idee mit der Aufklärung eng verbunden ist, setzt bereits in deren Anfängen die Selbstaufklärung ein.

Kritik der Zivilisation

In der *zweiten Abhandlung* macht Rousseau die historischen Wurzeln des »Verfalls der Gattung« (213) zum Thema. Die tieferen Ursachen sieht er in der sozialen »Ungleichheit«, deren »Ursprung« er zu erforschen beabsichtigt. Trotz der Kritik handelt es sich um eine veritable Geschichtsphilosophie, weil das Kriterium einer einheitlichen, wenn auch negativen Deutung der Geschichte im Ganzen erfüllt bleibt.

Die Verwandtschaft mit der Geschichtsphilosophie der Aufklärung zeigt sich auch darin, dass Rousseau eine ganze Reihe von Erklärungsmustern übernimmt. So beginnt seine *Abhandlung* mit einer ausführlichen naturgeschichtlichen Darstellung. Auch die wirtschaftlichen Faktoren spielen eine Rolle, zumal vom Verfasser auch der Artikel »Ökonomie« in der *Enzyklopädie* stammt. Schließlich überbietet Rousseau die zeitgenössischen Denker mit dem Begriff »Perfektibilität« (108), der eine Naturanlage des Menschen zur Vervollkommnung unterstellt. Insgesamt bestreitet Rousseau gar nicht die wissenschaftlich-technischen Fortschritte, doch er erkennt, dass sie in Widerspruch zur sozialen Entwicklung geraten. Darin liegt seine originäre Leistung, die bis Marx wirksam ist.

Genau genommen, sind es zwei Ursprünge der »Ungleichheit unter den Menschen«. Den *ersten* Entstehungsgrund verlegt Rousseau in die Anfänge menschlicher Gemeinschaften wie Familie, Sippe und Dorf. Teils durch die natürliche Anlage des »Mitleids« (171), teils durch die praktische Erfahrung der Kooperation bei der Jagd, beim Hüttenbau und bei der Aufzucht von Kindern entstehen die »Gewohnheit des Zusammenlebens« und die »Ausbildung des Gefühlslebens« (201). Einerseits geht daraus ein Gemeinschaftsgefühl hervor, andererseits werden dabei auch körperliche und geistige Unterschiede wahrgenommen, so dass »der Schönste, der Stärkste, der Gewandteste« geachtet wird: »Das aber war der erste Schritt zur Ungleichheit und gleichzeitig zum Laster.« (205) Gleichwohl charakterisiert Rousseau dieses Stadium – in Anspielung auf die antike Vorstellung des ›Goldenen Zeitalters‹ – als »die glücklichste und dauerhafteste Epoche« der Menschheitsgeschichte. (209)

Der *zweite* Entstehungsgrund der »Ungleichheit« ist nach Rousseau viel einschneidender, nachhaltiger und verhängnisvoller, weil er nicht mehr nur persönliche Eigenschaften, sondern gesellschaftliche Institutionen betrifft. In den Eigentumsverhältnissen entdeckt er den Umschlag des Fortschritts in eine Verfallsgeschichte. Hatte Turgot das ungleiche Eigentum als Motor für wirtschaftliche Prosperität gerechtfertigt, die allen Menschen zugute kommen sollte, sieht Rousseau darin den wahren Ursprung des gesellschaftlichen Untergangs:

»Der erste, der ein Stück Land eingezäunt hatte und dreist sagte: ›Das ist mein‹ und so einfältige Leute fand, die das glaubten, wurde zum wahren Gründer der bürgerlichen Gesellschaft. Wie viele Verbrechen, Kriege, Morde, Leiden und Schrecken würde einer dem Menschengeschlecht erspart haben, hätte er die Pfähle herausgerissen oder den Graben zugeschüttet und seinesgleichen zugerufen: ›Hört ja nicht auf den Betrüger. Ihr seid verloren, wenn ihr vergeßt, daß die Früchte allen gehören und die Erde keinem!‹« (191, 193)

Rousseau geht hier von einem ursprünglichen Gemeineigentum an Grund und Boden aus, so dass jede private Aneignung als ungerechtfertigt erscheint. Doch gilt es zu differenzieren. Rousseaus Kritik an der »Einzäunung« richtet sich gegen den Großgrundbesitz, während er das bäuerliche Eigentum gelten lässt, sofern das Land vom Besitzer selbst bestellt wird. Auf dieser kleinbürgerlichen Eigentumsform beruht ja gerade der glückliche Zustand des vorangegangenen Stadiums. Privateigentum wird durch Arbeit gerechtfertigt; und weil jeder Eigentümer prinzipiell nur gleich viel Land zu bearbeiten vermag, ist auch Gleichheit des Eigentums gewährleistet.

Die Frage ist nun, wie aus solchen egalitären Eigentumsverhältnissen die Ungleichheit des Eigentums hervorgehen kann. In der zitierten Passage hat es noch den Anschein, als ob Privateigentum nur aus Gewalt und Täuschung hervorgegangen wäre. Doch zugleich gelingt es Rousseau, diese Ungleichheit aus der technisch-ökonomischen Entwicklung abzuleiten; genauer aus der gesellschaftlichen *Teilung der Arbeit* zwischen städtischer Industrie und ländlicher Agrikultur. (213)

Theoretisch bemerkenswert ist, dass er damit die Arbeit überhaupt als ein gesellschaftliches Verhältnis begreift. Nur so ist die These plausibel, weder die eigene Natur des Menschen noch der bloße Stoffwechsel mit der äußeren Natur, sondern die Gesellschaft sei für den Niedergang der Sitten verantwortlich. Es sind also Arbeitsteilung und Warentausch, aus denen die einseitige Anhäufung des Eigentums hervorgeht; daraus folgen wiederum Luxus, Habgier und »Konkurrenz«, schließlich »Herrschaft und Knechtschaft« sowie »Gewalt und Raub«, bis die »Reichen« einen bürgerlichen Staat mit entsprechenden Eigentumsgesetzen gründen, um die »Armen« zu unterdrücken. (221 ff.)

Für Rousseau hat dieser historische Diskurs die Funktion, der gleichsam krank gewordenen bürgerlichen Gesellschaft eine Diagnose zu stellen, um später eine Therapie vorzuschlagen. Dabei interpretiert er die Stadientheorien der philosophischen Tradition völlig neu. In der politischen Theorie des 17. Jahrhunderts – etwa bei Thomas Hobbes (1588-1679) und John Locke (1632-1704) – wurde ein mehr oder weniger kriegerischer »Naturzustand« vorausgesetzt, der mittels Staatsvertrag in einen friedlichen Zustand überführt werden sollte. Rousseau kehrt diese Reihenfolge um: Er setzt den Frieden an den Anfang, zuerst das natürliche Leben des »guten Wilden«, sodann das glückliche Zeitalter der in kleinen Gemeinschaften lebenden Bauern. Die geschichtsphilosophische Pointe besteht darin, dass die daraus entstandene bürgerlichen Gesellschaft den eigentlichen, jetzt historisch entstandenen Kriegszustand darstellt, der nur durch einen neuen »gerechten« Vertrag überwunden werden könne.

Der Entwurf dazu findet sich in Rousseaus politischer Schrift *Vom Gesellschaftsvertrag* und im Erziehungsroman *Emile*. Das Ideal bildet nach wie vor das Goldene Zeitalter, also ein mittleres wissenschaftliches, technisches und ökonomisches Niveau, auf das die moderne Zivilisation zurückgeschraubt werden soll. An diesem Punkt lässt sich trefflich streiten, ob Rousseau ein zukunftsweisender Revolutionär oder ein zivilisationsfeindlicher Reaktionär gewesen ist.

Kritik der instrumentellen Vernunft

Nun sind sich auch die Anhänger der Fortschrittsidee über die negativen Kehrseiten der technischen Zivilisation durchaus im Klaren. Was jedoch Rousseaus Position davon unterscheidet, ist die Tatsache, dass er solche Phänomene nicht als unerwünschte und langfristig behebbare Nebenfolgen bagatellisiert, sondern seine Kritik wesentlich tiefer ansetzt, indem er in der Geschichte einen inneren *Widerspruch* entdeckt. Denn er macht die menschliche *Vernunft* selbst dafür verantwortlich, das Gegenteil ihrer guten Absichten hervorgebracht zu haben. In dieser Radikalisierung besteht gewissermaßen die Urform einer *Kritik der instrumentellen Vernunft* (siehe Kap. 3.4 zu Horkheimer und Adorno).

Zunächst kritisiert Rousseau die aufklärerische Formel von der Vernunft als »Dienerin der Leidenschaften« mit dem bekannten Argument, es handle sich in der Regel um eigennützige Interessen, die sich der Vernunft bedienen. (135) Doch zieht er daraus die Schlussfolgerung, die Vernunft habe selbst zur Entstehung und Verbreitung der Laster beigetragen:

»Es ist der Verstand, der die Selbstsucht erzeugt. Sie ist es, die den Menschen sich auf sein Ich zurückziehen läßt. Sie ist es, die ihn vereinzelt. Sie ist daran schuld, daß er beim Anblick eines leidenden Menschen heimlich sagt: stirb, wenn du willst; ich bin in Sicherheit.« (175)

In diesem Umkehrschluss liegt die Originalität der rousseauschen Kritik. Er bringt zum Ausdruck, dass sich die Vernunft keinesfalls auf die traditionelle Rolle der Realisation mehr oder weniger moralischer Interessen beschränkt, sondern darüber hinaus eigene Wirkungen hervorbringt, die ihrer ursprünglich beabsichtigten Funktion widersprechen. Sehen die Vertreter der Aufklärung und später vor allem Hegel die Vernunft *in* der Geschichte walten, beschreibt schon Rousseau das Leiden *an* der Vernunft. In der Kritik der Geschichtsphilosophie und im Posthistoire des 20. Jahrhunderts radikalisiert sich diese Kritik zu einem Plädoyer für einen Ausstieg *aus* der Vernunft.

Wenn man dieses Resultat als Phänomen der *Entfremdung* bezeichnet, so ist der spezifische Charakter zu beachten, der sich aus einem solchen instrumentellen Vernunftbegriff ergibt. Während andere Vertreter der Aufklärung wie vor allem Vico verkünden, der Mensch ›mache‹ seine Geschichte, wird für Rousseau gerade dieses Programm zum Problem. (Furth, 44 ff.) Statt sich in den eigenen Produkten wiederzuerkennen, sind ihm gerade diese fremd geworden. Die Menschen leben wie Fremde in einer Kultur, die sie doch selbst hergestellt haben.

3. Kritik der historischen Vernunft (Kant)

Verglichen mit den großen Werken zur Erkenntnistheorie und Ethik haben die Arbeiten Immanuel Kants (1724-1804) zur Geschichtsphilosophie einen geringen Umfang. Sie erheben auch einen bescheideneren Anspruch, zumal sie sich an ein breites Publikum wenden und mit einer praktischer Intention verfasst sind. So erschien die *Idee zu einer allgemeinen Geschichte in weltbürgerlicher Absicht* (Werke XI, 31-50) in der Berlinischen Monatszeitschrift (1784, zur gleichen Zeit wie die *Beantwortung der Frage: Was ist Aufklärung?).* 1786 folgte dort der Artikel *Mutmaßlicher Anfang der Menschengeschichte* (83-102). In diese Reihe gehört auch das kleine Buch *Zum ewigen Frieden* (1795), in dem Kant Friedensutopien der Aufklärung aufnahm und philosophisch begründete. (193-251) Die letzte geschichtsphilosophische Untersuchung Kants war die *Erneuerte Frage: Ob das menschliche Geschlecht im beständigen Fortschreiten zum Besseren sei?*, die erst 1798 im zweiten Abschnitt des *Streits der Fakultäten* erschien. (351-368)

Bereits in den Titeln wählt Kant ausgesprochen vorsichtige Formulierungen: Zur Geschichtsphilosophie will er nur eine »Idee« beitragen; über den Anfang der Menschheit stellt er lediglich Vermutungen an; und nach der Verbesserung menschlicher Lebensverhältnisse stellt er eine fast verspätete Frage, nachdem der Fortschritt von vielen Aufklärern schon wie eine Tatsache behandelt worden war. Diese Wendungen lassen erkennen, dass Kant eine skeptische und zwiespältige Haltung zur Fortschrittsidee einnimmt.

Geschichte als »Possenspiel« – Suche nach einem »Leitfaden«

Kant macht sich keine Illusionen darüber, wie es in der Welt tatsächlich zugeht. Für ihn erscheint die Geschichte als »leere Geschäftigkeit«, als ein Gewebe aus »kindischer Bosheit und Zerstörungssucht«, gar als »bloßes Possenspiel«, wobei unklar bleibt, »was man sich von unserer auf ihre Vorzüge so eingebildeten Gattung für einen Begriff machen soll« (34, 354).

Obwohl die Geschichte einen trostlosen Anblick bietet und widersinnig erscheint, fragt Kant, wie sich in ihr trotzdem ein Sinn entdecken lässt. Um eine Tendenz zu erkennen, reicht eine empirische Darstellung historischer Ereignisse nicht aus; stattdessen verlang Kant »Auskunft für den Philosophen« (34). Mit diesem philosophischen Blick knüpft Kant an die Aufklärung an und unterscheidet sich zugleich in wesentlichen Aspekten.

Im Unterschied zu Turgot und Rousseau liefert Kant keinen Überblick der Menschheitsgeschichte. In der kleinen Schrift *Idee* formuliert er neun »Sätze« oder Thesen, nach denen die Geschichte unter systematischen Aspekten betrachtet werden kann. Auf diese Weise will er versuchen, einen »Leitfaden« (ebd.) für künftige Geschichtsschreiber zu finden. Dazu dient ein Nachdenken über die Anfänge und Ziele der Geschichte, über die Aussichten, diese Ziele zu erreichen, und schließlich über die Erkennbarkeit der gefundenen Leitidee. Kants implizite Frage ist grundsätzlicher Art: Wie ist Geschichtsphilosophie möglich?

Diese Grenzziehungen sind deshalb wichtig, weil sich damit Kants philosophische Reflexion über die Geschichte gegenüber pauschalen Angriffen auf die Geschichtsphilosophie der Aufklärung in Schutz nehmen lässt. Kant entwirft keine ›große Erzählung‹, sondern eine Geschichtsbetrachtung aus der Perspektive der praktischen Philosophie. (Lutz-Bachmann, 62 ff.; Angehrn,

77) Darin besteht eine besondere Attraktivität von Kants Philosophie der Geschichte. (Nagl-Docekal 1976, 28 ff.)

Von der Naturgeschichte zur Geschichte der Kultur

Wie wir sahen, bildete die zeitgenössische Naturgeschichte eine wichtige Voraussetzung der Geschichtsphilosophie. Kant knüpft daran an, indem er die Menschen zunächst als Naturwesen betrachtet, die wie die Tiere dazu bestimmt seien, ihre natürlichen Anlagen aus einem »Keime« gleichsam »auszuwickeln« (35). Dieses teleologische Modell organischen Wachstums überträgt er dann von der Naturgeschichte auf den Gegenstandsbereich der Geschichte der Menschheit.

Hier zeigt sich ein wesentlicher Unterschied zwischen Tieren und Menschen. Beim Tier sind es körperliche Organe, die am Ende ihre Zwecke erfüllen sollen; beim Menschen ist es die Vernunft, die sich für einen zweckmäßigen Gebrauch entwickeln soll. Doch im Kontext der Geschichtsphilosophie stellt sich die Frage, wessen Vernunft hier genau gemeint ist. Turgot hatte ja die menschliche »Gattung« zum Träger der Fortschritte erklärt und von der Lebenszeit der Individuen abgekoppelt. Genau so argumentiert auch Kant:

»*Am Menschen* (als dem einzigen vernünftigen Geschöpf auf Erden) *sollten sich diejenigen Naturanlagen, die auf den Gebrauch seiner Vernunft abgezielt sind, nur in der Gattung, nicht aber im Individuum vollständig entwickeln.*« (35)

Während die einzelnen Menschen sterblich und daher nur begrenzt lernfähig sind, so Kant, ist die »Gattung aber unsterblich« (37), weil sie das in jeder Generation erworbene Wissen tradieren und akkumulieren kann.

Dass Kant mit der Analogie zwischen Natur- und Menschheitsgeschichte keine naturalistische Reduktion beabsichtigt, zeigen die folgenden Ausführungen über die Vernunftentwicklung. (36 f.) Während der Mensch von Natur aus sparsam ausgestattet sei, befreie er sich durch die »Erfindung« seiner Nahrungsmittel bis hin zu den Annehmlichkeiten des Lebens aus den inneren und äußeren Abhängigkeiten von der Natur. Wie schon der früheren Aufklärung ist ihm die Feststellung wichtig, dass der Mensch »alles aus sich selbst herausbringen« könne und alles »sein eigen Werk« sei. (36) Kant schließt die Geschichte der Menschheit zwar an die Naturgeschichte an, besteht aber zugleich auf der Trennung, indem er die Geschichte wesentlich als kulturelle Entwicklung auffasst.

Im Unterschied zur bisherigen Aufklärung melden sich bei Kant jedoch Zweifel darüber an, ob der Vorrang der Gattung gegenüber den Individuen gerechtfertigt sei. Er hält es für »befremdend«, dass sich ganze Generationen abmühen, »ohne doch selbst an dem Glück, das sie vorbereiten, Anteil nehmen zu können« (37). Offenbar beschleichen ihn moralische Skrupel bei der Vorstellung, dass die Individuen ihr gegenwärtiges Glück für die Zukunft preisgeben sollen. An der Idee des Fortschritts wird die negative Seite des Opfers sichtbar.

Bürgerliche Gesellschaft und »Weltbürgertum«

In der *Idee zu einer allgemeinen Geschichte* ist Kant schon nach einigen Seiten in der Gegenwart der »bürgerlichen Gesellschaft« angekommen. Ihm geht es weniger um die rückblickende Darstellung vergangener Geschichte als um eine »vorhersagende« Geschichtsschreibung (351), weniger um den Fortschritt als zwangsläufigen Prozess als um die praktische Bewältigung künftiger Aufgaben wie dieser: »*Das größte Problem für die Menschen-*

gattung [...] ist die Erreichung einer allgemein das Recht verwaltenden bürgerlichen Gesellschaft.« (39)

Diese »höchste Aufgabe« ist deshalb so schwierig, weil die bürgerliche Gesellschaft selbst ein problematischer Fall ist. Denn Kant entdeckt einen »Antagonism«, der darin besteht, dass diese Gesellschaft das Zusammenleben der Menschen ermöglicht und zugleich eine Sphäre der Konkurrenz ist. Diesen *Widerspruch* kennzeichnet Kant mit dem treffenden Begriff »ungesellige Geselligkeit« (39). Dabei folgt er der politischen Ökonomie, die ja schon bei Turgot und Rousseau eine Rolle gespielt hat. Demnach wird die arbeitsteilig produzierende und Waren austauschende Gesellschaft sowohl von Kooperation als auch von Wettbewerb geprägt, der wie ein Motor der Kulturentwicklung wirken soll. Doch im Unterschied zur Wirtschaftstheorie führt Kant diesen Antagonismus auf angebliche Anlagen »in der menschlichen Natur« zurück: Einerseits habe der Mensch einen natürlichen »Hang« oder eine »Neigung, sich zu vergesellschaften«; andererseits habe er »einen großen Hang, sich zu vereinzeln« und Laster wie »Ehrsucht, Herrschsucht oder Habsucht« zu entwickeln. Den Ursprung des Zwiespalts der bürgerlichen Gesellschaft verlegt Kant in die Natur des Menschen.

Überhaupt interessieren Kant weniger die technischen und ökonomischen Faktoren der Geschichte als die rechtlichen und politischen Institutionen. Eine »gerechte bürgerliche Verfassung« hält Kant für notwendig, um die destruktiven Tendenzen der »Ungeselligkeit« einzudämmen und um dadurch die größtmögliche Freiheit der Mitglieder zu gewährleisten. (39 f.)

Wie der Titel »in weltbürgerlicher Absicht« ankündigt, geht es Kant nicht nur um das innere Problem einer einzelnen Nation, sondern darüber hinaus um das Verhältnis mehrerer Staaten untereinander. Dabei weitet er das Problem der bürgerlichen Gesellschaft auf die internationalen Beziehungen aus:

»Dieselbe Ungeselligkeit« mache sich auch bemerkbar, wenn sich die Staaten im Kriegszustand befinden. (41 f.) Um hingegen Frieden zu schaffen, fordert Kant eine globale »Staatsverfassung« oder einen »weltbürgerlichen Zustand« (47).

Mit der Idee eines Weltbürgertums meint Kant keinen einheitlichen Weltstaat, sondern einen Verbund souveräner Staaten, den er durch Rechtsverordnungen geregelt sehen will (Höffe, 109 ff.). So wie der Staatenbund garantieren soll, dass die Völker ihre Souveränität bewahren können, so sollen deren bürgerliche Verfassungen die Garantie dafür bilden, dass dieser Bund anerkannt wird. Im so hergestellten Frieden sieht Kant das Ziel der »Weltgeschichte«; darin besteht seine universalgeschichtliche Perspektive. Im Kontext der heutigen Tendenz zur Globalisierung hat Kants Vorschlag neue Aktualität gewonnen.

Praktische Vernunft und »Geschichtszeichen«

Kants Friedensplan klingt wie eine politische Utopie, die tatsächlich an die utopische Literatur des 18. Jahrhunderts anknüpft. Doch wäre Kant kein Geschichtsphilosoph, machte er sich nicht gleichzeitig Gedanken darüber, wie das Ziel des Weltfriedens historische Realität werden könnte. Dazu gibt er einige Gründe an, die an Turgot erinnern.

In einer Republik, in der die Bürger an der Entscheidung über Krieg und Frieden beteiligt sind, werde der Staat eher Kriege vermeiden, so Kant, weil die daraus resultierende »Schuldenlast« die wirtschaftliche Entwicklung hemmen könnte. (46 f.) In *Zum Ewigen Frieden* gründet sich Kants Erwartung direkt auf die Ökonomie: »Es ist der *Handelsgeist*, der mit dem Kriege nicht zusammen bestehen kann, und der früher oder später sich jedes Volkes bemächtigt.« (226) Ende des 18. Jahrhunderts stellt dieses Argument bereits einen Gemeinplatz dar, der aus heutiger Sicht naiv erscheint. Doch es spricht für Kant, dass er sich nicht sicher genug ist, den »ewigen Frieden [...] zu *weissagen*«; er appelliert daher nur an die »Pflicht«, auf dieses Ziel hinzuarbeiten. (226 f.)

Auch andere Argumente laufen auf einen moralischen Appell hinaus. Kants Annahme, dass das menschliche Geschlecht »im Fortschreiten zum Besseren« begriffen sei (167), gründet sich letztlich auf die »Pflicht« der Menschen, ihre Nachkommen moralisch zu beeinflussen. Sogar zur »Hoffnung besserer Zeiten« ist der Mensch nach Kant verpflichtet, weil er nur so dazu zu bewegen ist, in diese Richtung aktiv zu werden. Nicht anders wirkt die »wahrsagende« Geschichtserzählung, »wenn der Wahrsager die Begegnung selber *macht* und veranstaltet, die er zum voraus verkündet« (351). Heute heißt dieser Trick ›self-fulfilling-prophecy‹.

In *Erneuerte Frage: ob das menschliche Geschlecht im beständigen Fortschreiten zum Besseren sei* räumt Kant schließlich ein, dass er zur Beantwortung dieser Frage keine Anzeichen aus der historischen Erfahrung, mithin keine empirischen Beweise beizubringen vermag. Dennoch lassen sich Ereignisse als »Geschichtszeichen« lesen, d.h. als Begebenheiten, die auf den Geschichtsverlauf im Ganzen schließen lassen, wobei sich die Tendenz eines Fortschreitens zum Besseren zeigt. (357) Ein solches Geschichtszeichen ist für Kant die Französische Revolution:

»[...] diese Revolution, sage ich, findet doch in den Gemütern aller Zuschauer (die nicht selbst in diesem Spiele mit verwickelt sind) eine Teilnehmung dem Wunsche nach, die nahe an Enthusiasm grenzt, und deren Äußerung selbst mit der Gefahr verbunden war, die also keine andere, als eine moralische Anlage im Menschengeschlecht zur Ursache haben kann.« (358)

Nicht das äußere Ereignis wird hier in Anschlag gebracht, auch nicht die wirklichen Taten der daran beteiligten Menschen; von einer Nachahmung rät Kant eher ab. Er verweist lediglich auf die innere Reaktion der Betrachter, die an diesem Ereignis aus räumlicher Distanz, mit begrenztem Risiko und verklärendem Blick teilnehmen. In dieser recht bemühten Hilfskonstruktion sieht Kant ein Indiz dafür, dass die Menschen über die Fähigkeit zu moralischem Urteilen und dann möglicherweise auch zu moralischem Handeln verfügen.

Diese gesamte Argumentation kann als gescheitert gelten. (Kleingeld) Positiv gewendet, behandelt Kant das Feld der Geschichte »in praktischer Absicht« und macht es damit zu einem Thema der praktischen Philosophie. Ein weiteres Verdienst besteht in der erkenntnistheoretischen Begründung der Geschichtsphilosophie.

»Naturabsicht« und Vernunftkritik

Um diesen methodologisch wichtigen Aspekt zu beleuchten, kehren wir noch einmal an den Anfang der *Idee zu einer allgemeinen Geschichte* zurück. Wie bereits zitiert, sucht Kant dort nach einem »Leitfaden«, um in der chaotisch erscheinenden Geschichte doch noch eine Ordnung zu finden. Den dahinter vermuteten »Plan« bezeichnet Kant als »Naturabsicht« (34; vgl. Arndt 2003, 107 f.). Ohne diesen Zusammenhang hinreichend zu verdeutlichen, unterstellt er damit sowohl einen Zweck der Natur als auch ein Ziel der Geschichte, die der Vernunft angemessen sein sollen und wie von einem vernünftigen Willen angestrebt zu werden scheinen. Die Natur vertritt gleichsam die Vernunft in der Geschichte; so ist die »Naturabsicht« eine Metapher für die Weltvernunft.

Kants Geschichtsphilosophie enthält damit eine Teleologie, die auf allen Stufen der Entwicklung zur Geltung kommt. So heißt es in der *Idee* weiter: »*Die Natur hat gewollt*«, dass die Menschen ihre natürlichen Anlagen entwickeln. (36) Auch im Stadium der bürgerlichen Gesellschaft ist es die Natur, welche den genannten Antagonismus als »Mittel« für ihren Zweck benutzt: »Der Mensch will Eintracht; aber die Natur weiß besser, was für seine Gattung gut ist: sie will Zwietracht.« (38 f.) Ebenso kann die Gründung staatlicher Verfassungen als das Werk eines »*verborgenen Plans der Natur*« angesehen werden. (45) Schließlich scheint das Ziel der ganzen Weltgeschichte von der »Naturabsicht« befördert zu werden. (47)

Wenn Kant betont, dass er bei den einzelnen Menschen keinen »verabredeten Plan« und keine »vernünftige Absicht« voraussetzen könne, wiederholt er das Paradoxon, das schon bei Turgot angeklungen war: Die Individuen verfolgen ihre privaten Zwecke, aber nicht den Gesamtzweck der Geschichte. Auch Kant setzt dafür etwas Überindividuelles ein, das er recht vage »Naturabsicht« oder auch »Vorsehung« nennt; er spricht sogar von der »Anordnung eines weisen Schöpfers« (39). Derartige Ausdrücke, in denen Gott als Lenker menschlicher Geschicke wieder aufzuerstehen scheint, können als nur halbherzige Säkularisierung ausgelegt werden.

Doch Kant ist keineswegs so naiv, die vorausgesetzte »Naturabsicht« als handelndes Subjekt oder als wirkende Macht zu behaupten; sie dient ihm lediglich als »Leitfaden *a priori*« historischer Erkenntnis. (49) Mit diesem Begriff spielt Kant auf sein Hauptwerk *Kritik der reinen Vernunft* (1781) an, in dem er seine Erkenntnistheorie systematisch ausgearbeitet hat. Demnach verfügen die Menschen vor aller Erfahrung (a priori) über rationale Prinzipien und Schemata, mit Hilfe deren sie ihre Erfahrungen strukturieren. Dieser Grundsatz gilt jetzt auch für den Gegenstandsbereich der Geschichte: Die »Naturabsicht« ist ein solches Deutungsschema oder, wie Kant im Titel ankündigt, nur eine »Idee«; in der später verfassten *Kritik der Urteilskraft* (1793) wird er sie eine »regulative Idee« nennen (X, 353 ff., 358 ff.). Sie übt nicht mehr und nicht weniger als eine erkenntnisleitende Funktion aus: Einerseits dient sie als heuristisches Prinzip der Orientierung in der Geschichte; andererseits wird die menschliche Vernunft davor gewarnt, eine bloße Idee mit der Realität zu verwechseln. Darin besteht Kants Vernunftkritik in der Geschichtsphilosophie.

Mit diesem Ansatz zu einer *Kritik der historischen Vernunft* führt Kant die vermeintlich objektive Vernunft in der Geschichte auf die subjektive Vernunft der Menschen zurück in dem Sinne, dass die Menschen ihre eigene Vernunftidee in die Geschichte projizieren. Diese Kritik richtet sich gegen die frühere Aufklärung, in der auch Ideen wie der »Fortschritt« häufig für historische Wirklichkeit gehalten wurden. Zugleich werden mit dieser Vernunftkritik methodologische Standards für das künftige Geschichtsdenken gesetzt. Vor allem die Vertreter des Historismus vollziehen die kantische Wende zum Subjekt der Erkenntnis nach. Im Zentrum des Interesses steht nun die Tätigkeit des Historikers, der das empirische Material bearbeitet und einen Sinn in die Geschichte hineinträgt. Geschichte ist kein Faktum mehr, sondern wird nach Maßgabe der überlieferten Zeugnisse konstruiert. Für diesen Paradigmenwechsel hat Kant die Weichen gestellt.

4. Vernunft in der Geschichte (Hegel)

Georg Wilhelm Friedrich Hegel (1770-1831) hat von 1822 bis 1831 fünf Mal Vorlesungen zur Geschichtsphilosophie gehalten, ohne jedoch ein eigenes Werk zu diesem Thema zu veröffentlichen. Seine *Vorlesungen über die Philosophie der Geschichte* (Werke 12) wurden erst nach seinem Tod herausgegeben. Sie stützen sich auf Manuskripte Hegels sowie auf Mitschriften von Hörern. In Hegels Geschichtsphilosophie kulminiert das gesamte historische Denken seit der Aufklärung bis Kant. Wesentliche Merkmale wie der Begriff der Weltgeschichte, die Idee des Fortschritts und die Teleologie der Geschichte werden übernommen und sogar noch überboten.

Zum einen kritisiert Hegel die Geschichtsphilosophie der Aufklärung, indem er deren Schwächen aufdeckt. Kaum jemand macht auf die Diskrepanz zwischen den verwirrenden Erscheinungen der Geschichte und dem Vernunftanspruch des Philosophen so schonungslos aufmerksam wie er. Hegel ist es auch, der den Widerspruch zwischen den Glückserwartungen der Individuen und dem Fortschritt der Gattung auf die Spitze treibt. Und er ist sich mehr als seine Vorgänger darüber im Klaren, dass die Ziele der Geschichte niemals direkt angestrebt werden, sondern sich hinterrücks durch die Leidenschaften der Menschen durchsetzen.

Zum andern versucht Hegel, diese Widersprüche zu versöhnen und in die Gesamtentwicklung zu integrieren. Auf diese Weise wird dieser Kritiker der Geschichtsphilosophie zugleich zu deren umstrittenstem Vertreter. Die späteren Gegner dieses Denktyps vom Historismus bis zum Posthistoire arbeiten sich in erster Linie an Hegel ab. Er gilt ihnen als Zielscheibe für alle Vorwürfe, die gegen geschichtsphilosophisches Denken überhaupt erhoben werden können. Deshalb lege ich auf die Unterschiede zwischen Hegel und der Aufklärung so großen Wert, um den Weg einer rettenden Kritik der Geschichtsphilosophie offen zu halten.

Vernunft in der Geschichte

Wie schon Turgot und Kant beansprucht Hegels Entwurf, eine »philosophische Weltgeschichte« zu sein. Doch zugleich grenzt er sich von der Geschichtsschreibung der Aufklärung kategorisch ab. Deren bloß »reflektierende Geschichte« (Werke 12, 14) habe den Mangel, dass der Betrachter seine Gedanken von außen an die Geschichte herantrage. Reflexion bedeutet hier in einem abschätzigen Sinn, dass die historischen Ereignisse nach äußeren Kriterien geordnet und beurteilt werden.

Mit seiner eigenen *Philosophie der Geschichte* beansprucht Hegel hingegen, die »innere leitende Seele der Begebenheiten und Taten selbst« zu erkennen. (19) Dieses innere Prinzip der Geschichte ist für ihn die Vernunft. Daraus folgt das Programm, die *Vernunft in der Geschichte* nachzuweisen.

»Der einzige Gedanke, den die Philosophie mitbringt, ist aber der einfache Gedanke der Vernunft, daß die Vernunft die Welt beherrsche, daß es also auch in der Weltgeschichte vernünftig zugegangen sei.« (20)

Dies ist eine kühne Behauptung, für die Hegel erst einmal den Beweis schuldig bleibt. Er spricht daher von einer bloßen »Voraussetzung in Ansehung der Geschichte« (ebd.). Während das Wirken der Vernunft in der Philosophie erwiesen sei, müsse sich die Vernunft im Vollzug der Geschichte erst noch erweisen: »Es hat sich also erst aus der Betrachtung der Weltgeschichte selbst zu ergeben, daß es vernünftig in ihr zugegangen sei.« (22)

Hegel formuliert hier eine Hypothese, die er durch die historische Darstellung zu überprüfen beabsichtigt. Wie Kant gewinnt er aus der bereits entwickelten Philosophie die Vernunftidee, welche das Kriterium zur Beschreibung und Beurteilung der Geschichte bildet. Doch anders als Kant postuliert Hegel die Vernunft nicht »a priori« als vage «Naturabsicht«, sondern er versucht eine rationale Rekonstruktion der Geschichte, die er als Verwirklichung der Vernunft begreift (Stekeler-Weithofer, 154). Während Kant letztlich an die Moral appelliert, will Hegel zeigen, in welchem Umfang die Vernunft in der bisherigen Geschichte verwirklicht worden ist.

Dabei ist zu bedenken, dass Hegel die Welt als einen Prozess der Entwicklung auffasst. Die Idee der Vernunft ist für ihn eine Realentwicklung. Mit dem Begriff der Geschichte sind daher nicht vordergründig historische Tatsachen gemeint, auch nicht die fragwürdige Annahme, dass der Gang der Welt tatsächlich vernünftig gewesen sei. Vielmehr zielt Hegel auf einen Entwicklungszusammenhang, in dem sich die Vernunft realisiert. Die Vernunft wird nicht als Faktum gesetzt, sondern als ein kollektiver Prozess des Vernünftigwerdens konzipiert.

Erkenntnisleitende Modelle

Bei diesen Überlegungen spielen zwei Modelle eine Rolle: das Modell der Naturgeschichte und das Modell der menschlichen Arbeit.

Zunächst zieht Hegel zwischen Natur und Geist eine Trennungslinie, die wir bereits von Turgot kennen: Während sich in den Kreisläufen der Natur die Ereignisse wiederholen, können Veränderungen, die etwas Neues hervorbringen, nur auf geistigem Boden entstehen. (74) Doch ironischerweise charakterisiert Hegel die Entwicklung dieses Geistes mit dem Naturbild des *organischen Wachstums*, dem zufolge die Gestalt eines Lebewesens bereits im »Keim« angelegt sei: »ebenso ist der Geist nur das, zu was er sich selbst macht, und er macht sich zu dem, was er an sich ist.« (75).

Die Betonung der Tätigkeit, durch welche der Menschengeist seine Geschichte und damit sich selber »macht«, verweist auf das zweite Modell der menschlichen *Arbeit*. In Hegels Geschichtsphilosophie betrifft das jedoch weniger die wirkliche Arbeit der Agrikultur, des Handwerks und der Industrie, die ja für die ökonomisch orientierte Aufklärung so wichtig waren. Nicht einmal die Geschichte von Wissenschaft und Technik wird in vergleichbarem Maße berücksichtigt. Die Ironie besteht auch in diesem Fall darin, dass Hegel die Entwicklung des Geistes nach dem ausgegrenzten Modell konzipiert: »Die Entwicklung ist [...] die harte unwillige Arbeit gegen sich selbst« (76; Arndt 2003, 105 ff.). Hegels »Arbeit des Geistes« ist daher nur als Metapher zu verstehen. Demnach wird der »Geist« der Geschichte so vorgestellt, als ob er einen Zweck setze und diesen mit Hilfe bestimmter Mittel realisiere. (29 f.) Das Verhältnis von Zweck und Mittel in der Geschichte gilt es nun im Einzelnen zu analysieren.

Ziel der Geschichte

Wie wir sahen, ist der »Endzweck der Welt« oder der »Zweck« der Weltgeschichte nach Hegel die Vernunft (29). Da nun der Gegenstand der Geschichte die Handlungen von Menschen oder die Entwicklung von Handlungszusammenhängen sind, geht es in erster Linie um die *praktische Vernunft*. Das Ziel der Geschichte ist das Ideal eines sittlichen und politischen Zustandes, der Freiheit heißt: »Die Weltgeschichte ist der Fortschritt im Bewusstsein der Freiheit.« (32; vgl. Angehrn, 92 f.)

Unter Freiheit versteht Hegel die Autonomie von Individuen in einem kooperativen Rahmensystem von Recht und Staat. Hier wird deutlich, dass die Vernunft eine normative Idee ist. Hegel verwechselt keineswegs die Normen, die er an die Geschichte anlegt, mit der Faktizität historischer Ereignisse. Zugleich spricht es für seinen Realismus, die Verwirklichung dieser

Normen nur unter gesellschaftlichen Bedingungen für möglich zu halten. Geschichte ist für ihn daher die Entwicklung sozialer Institutionen. Wie die Aufklärer schreibt er eine Strukturgeschichte von Gemeinwesen; und wie Kant macht er deutlich, dass er die Geschichtsphilosophie im Kontext der *praktischen Philosophie* behandelt.

In Hegels philosophischem System kommt dieser Zusammenhang darin zum Ausdruck, dass er seine Geschichtsphilosophie an die Rechts- und Staatsphilosophie anschließt. Die Nahtstelle bildet das Ende der *Grundlinien der Philosophie des Rechts* (1821), wo die Darstellung der Nationalstaaten in das Kapitel »Die Weltgeschichte« (§§ 341-360; 7, 503-512) übergeht. Zuvor hat Hegel die Stufen von Recht, Moral, Familie, Gesellschaft und Staat systematisch entfaltet. Zuerst ist der Mensch eine abstrakte Rechtsperson, welche nur die Rechte anderer Personen äußerlich anerkennt. Sodann wird er ein moralisches Subjekt, das die Normen seiner Zeit verinnerlicht. Innerhalb konkreter Institutionen wird er Familienmitglied, Akteur der bürgerlichen Gesellschaft und Staatsbürger. Schließlich mündet die Entwicklung des Staatsrechts in das Verhältnis mehrerer Staaten zueinander. Das erinnert an Kant, doch an die Stelle von dessen »Weltbürgerrecht« setzt Hegel die »Weltgeschichte«, in der jeweils ein Volk Träger der höchsten Entwicklungsstufe ist. (506) Gegenüber Kants Kosmopolitismus betont Hegel eher die historisch gewachsenen »Geister« besonderer Kulturen.

In den *Vorlesungen über die Philosophie der Geschichte* verleiht Hegel dem Vernunftprinzip »Fortschritt im Bewusstsein der Freiheit« zeitliche und räumliche Dimensionen. Mit Anspielung auf die mittelalterlichen »Reiche« stellt er die historische Abfolge entsprechender Institutionen im folgenden Stufenschema dar:

»Die Orientalen wissen es noch nicht, daß der Geist oder der Mensch als solcher frei ist; weil sie es nicht wissen, sind sie es nicht; sie wissen nur, daß Einer frei ist [...] In den Griechen ist erst das Bewußtsein der Freiheit aufgegangen, und darum sind sie frei gewesen; aber sie, wie auch die Römer, wußten nur, daß einige frei sind [...] Erst die germanischen Nationen sind im Christentum zum Bewußtsein gekommen, daß der Mensch als Mensch frei ist [...].« (12, 31)

Bereits Turgot forschte nach den historischen Tendenzen, die den Übergang von Despotismus und Aristokratie zur Republik befördern könnten. Kant sah in der republikanischen Verfassung die größte Aufgabe der Menschheit, die erst noch zu bewältigen sei. Hegel teilt dieses politische Ziel einer aufgeklärten bürgerlichen Republik und erklärt es zum »Zweck« der Weltgeschichte.

Doch nachdem Kant in den Wirkungen der französischen Revolution nur ein »Geschichtszeichen« erkannt zu haben glaubte, hält Hegel die Errungenschaften dieser politischen Umwälzung in den Reformen der preußischen Verfassung für bereits verwirklicht. Aus der Perspektive des Vormärz und aus heutiger Sicht kann man Hegel vorwerfen, dass er Preußen idealisiert und die Mehrheitsdemokratie ablehnt. Allerdings erkennt er als einer der ersten das Problem neuer sozialer Klassen mit der Entstehung des Proletariats, das zum geschichtsphilosophischen Angelpunkt für Marx wird.

Mittel zur Realisierung

Wenn Hegel die Realisierung der Vernunftidee nach dem Modell menschlicher Handlungen konzipiert, gehören zum »Zweck« der Geschichte auch die entsprechenden »Mittel« (33). Wie Kants »Naturabsicht« liegt auch Hegels »Weltgeist« das Modell des zweckrationalen oder instrumentellen Handelns zu Grunde, wie es in der Soziologie und Philosophie des 20. Jahrhunderts genannt werden wird. Indem Hegel nun den »Mitteln« große Aufmerksamkeit schenkt, macht er deutlich, dass er es mit der Verwirklichung der Vernunft ernst meint. Die Mittel, welche die innere Idee der Freiheit mit der erscheinenden Außenwelt vermitteln, stehen für die historische Realität.

Welches sind nun die Mittel in der Weltgeschichte? Nach der metaphorischen Rede über den »Geist«, der alles aus sich heraus schafft, mag es erstaunen, dass Hegel allein die einzelnen Menschen als Subjekte der Geschichte anerkennt, genauer: »die Handlungen der Menschen, die von ihren Bedürfnissen, ihren Leidenschaften, ihren Interessen« bestimmt werden. (34) Hier besteht keinerlei Differenz zur Aufklärung, in welcher die »Leidenschaften« der Individuen zu den hauptsächlichen Triebkräften der Geschichte erklärt wurden. Wie bei Kants »Antagonism« soll dieser *Widerspruch* zwischen Einzelinteressen und Allgemeinwohl die Kulturentwicklung voranbringen.

Ebenso findet sich bei Hegel das Folgeproblem wieder, wie aus diesen Einzelhandlungen das allgemeine Ziel der Weltgeschichte hervorgehen kann. Ähnlich wie Turgots »Vorsehung« und Kants »Naturabsicht« setzt Hegel zur Lösung eine überindividuelle Instanz ein, die er einen verborgenen »Plan«, »Vorsehung« oder »Vernunft«, ja auch »Gott« nennt. (25 u. 33) So wie Kant von einer regulativen »Idee« gesprochen hatte, meint auch Hegel damit kein Großsubjekt der Geschichte. Wie bei der Formulierung »Arbeit des Geistes« handelt es sich auch in diesem Fall um eine Metapher. Die Geschichte der handelnden Menschen wird so dargestellt, *als ob* sie einen übergreifenden Zweck anstrebten.

Nur unter dieser Voraussetzung ist die Rede von Zweck und Mittel in der Geschichte überhaupt sinnvoll. Vom Standpunkt eines Resultats, das sich erst am Ende einer historischen Entwicklung offenbart, hat es den Anschein, als ob die Handlungen der Menschen wie Mittel zur Realisierung eines Zwecks fungierten. Allerdings ist es Hegel vorbehalten, diese Vorstellung besonders drastisch zu formulieren, indem er die Individuen und Völker als »Mittel und Werkzeuge des Weltgeistes« bezeichnet (40). Der instrumentelle oder technische Charakter zeigt sich auch im Begriff »List der Vernunft«, welche »die Leidenschaften für sich wirken läßt« (49). Die »welthistorischen Individuen« (45) wie z.B. Cäsar oder Napoleon spielen dabei eine besondere Rolle, weil sie mit ihren partikularen Handlungszwecken das geschichtlich Allgemeine befördern.

Die Schärfe dieser metaphorischen Rede nimmt noch zu, wenn Hegel den Glücksanspruch der Individuen für zweitrangig erklärt: »Die Weltgeschichte ist nicht der Boden des Glücks.« (42) Vielmehr sei es der geschichtliche Endzweck, »worauf in der Weltgeschichte hingearbeitet worden, dem alle Opfer auf dem weiten Altar der Erde und in dem Verlauf der langen Zeit gebracht worden« (33) sind. Hegel wird »die Geschichte als diese Schlachtbank betrachten, auf welcher das Glück der Völker, die Weisheit der Staaten und die Tugend der Individuen zum Opfer gebracht worden« (35) sind.

An dieser Stelle hatten Kant, wie zitiert, moralische Zweifel befallen. Ähnlich äußert Hegel ein Gefühl der »Trauer«, um jedoch die »trübe Empfindung« sogleich in den »Gedanken« an den Endzweck der Weltgeschichte zu überführen, in dem die Opfer letztlich gerechtfertigt werden. Und während Kant den »ewigen Frieden« anvisierte, hält Hegel die Kriege für unvermeidbar, weil eine »*Einstimmung* der Staaten«, wie er an Kant moniert, nicht vorausgesetzt werden könne (7, 500, vgl. 491 ff.; vgl. Ottmann, 272). Im Grunde ist sich Hegel mit den Geschichtsphilosophen der Aufklärung darin einig, dass die wirkliche Geschichte ein Feld von Grausamkeit und Barbarei ist.

Pro und Contra

Wer die zitierten Passagen liest, wird den anfänglichen Hinweis verstehen, dass Hegel zu den umstrittensten Geschichtsphilosophen gehört. Strittig ist zunächst die ›große Erzählung‹, die wieder stärker an den Stil des 18. Jahrhunderts anknüpft. Wenn man damit jedoch nicht den Anspruch erhebt, empirische Geschichtswissenschaft zu betreiben, halte ich den Versuch einer idealtypischen Darstellung für prinzipiell legitim. Dass die Bilanz aus gegenwärtiger Sicht anders ausfällt als zur Zeit Hegels, versteht sich von selbst. Heute stoßen vor allem die Zentrierung auf Europa und der Gedanke einer historischen Totalität auf Ablehnung.

Auf Hegel berufen kann man sich, wenn der künstlerische Charakter der Geschichtsschreibung betont werden soll, wie dies in jüngsten Theorien historischer Erzählung geschieht. In den *Vorlesungen* spricht Hegel ausdrücklich von »Geschichtserzählung« (12, 83). Und in der *Ästhetik* platziert Hegel die Geschichtsschreibung »zwischen der Dichtung und der Redekunst« (15, 258; vgl. White 1991, 111 ff.). Zwar unterscheidet er zwischen der poetischen Form und dem prosaischen Inhalt, modern ausgedrückt zwischen literarischer Fiktion und historischer Darstellung, aber zugleich verweist er auf den in der heutigen Debatte so wichtigen Umstand, dass Geschichte wie auch immer erzählt wird. (vgl. Ricœur, White)

Problematisch ist jedoch der implizite Abschluss in Hegels Philosophie der Geschichte. Mit der Verwirklichung der bürgerlichen Gesellschaft und der republikanischen Verfassung scheint die Geschichte nicht nur ihren »Endzweck« erreicht zu haben, sondern auch in ihrem Verlauf an ihrem ›Ende‹ angelangt zu sein. Bereits in der Geschichtsphilosophie Turgots war eine solche Idee der Vollendung enthalten, indem mit der Perfektionierung von Technik, Wirtschaft und Politik die Geschichte als abgeschlossen vorgestellt wurde. Hegel verstärkt diese Tendenz durch seine Kritik an der bürgerlichen Gesellschaft, die an Rousseaus Zivilisationskritik und Kants Paradox der »ungeselligen Geselligkeit« anknüpft. Da Hegel dem ökonomischen System der Konkurrenz eine bloß niedere Sittlichkeit zubilligt, lässt er es am »Fortschritt im Bewußtsein der Freiheit« letztlich nicht teilhaben. Geschichte im emphatischen Sinn ereignet sich nur im Rahmen der politischen Entwicklung, deren Ziel damit zum einzigen Maßstab der Beurteilung erklärt wird. Demgegenüber erscheint die bürgerliche Geschichte im Grunde als ›geschichtslos‹. Wegen dieser angeblichen Geschichtslosigkeit gibt es bei Hegel erste Anzeichen für ein ›Ende der Geschichte‹ oder für den ›posthistorischen‹ Blick (vgl. Fukuyama), der im dritten Kapitel zur Sprache kommen wird.

Umgekehrt ist es Hegel zu verdanken, dass der Begriff der Geschichte radikalisiert wird. Vernunft und Geschichte gelten als identisch. Die ganze Welt ist nach Hegel nur historisch zu begreifen. Die hier beginnende Verabsolutierung des Historischen verweist auf den Historismus, der das Thema des zweiten Kapitels bildet. So enthält Hegel viele Facetten, die in unterschiedliche Richtungen gewirkt haben. Direkten Anschluss an Hegel sucht indessen Marx – zugleich Kritiker und Fortsetzer dieser Geschichtsphilosophie.

5. Geschichte als wirklicher Lebensprozess (Marx)

Zur bisherigen Philosophie der Geschichte nimmt Karl Marx (1818-1883) eine ambivalente Stellung ein. Einerseits schreibt er die Geschichtsphilosophie der Aufklärung bis Hegel fort, indem er die Säkularisierung radikalisiert und an der Idee der Weltgeschichte festhält. Andererseits kritisiert Marx den Fortschrittsglauben der Aufklärung, indem er wie Rousseau die Parallele von technisch-ökonomischer Entwicklung und politisch-moralischer Besserung in Frage stellt. Ebenso wendet er sich gegen Hegels Philosophie der Versöhnung von Idee und Wirklichkeit. Er befreit die Geschichtsphilosophie von metaphysischen Vorannahmen, insbesondere von der Teleologie der Geschichte.

Bekanntlich ist auch die Theorie von Marx umstritten. Das hängt mit der Rezeption im ›Historischen Materialismus‹ zusammen, durch den die Geschichte wieder ontologisiert wurde. Gegen derartige Deutungen soll versucht werden, Marx' Aussagen zur Geschichte in systematischer Absicht zu rekonstruieren. Nach dem Ende des staatlich verordneten ›Marxismus‹ kann eine rettende Kritik gewagt werden. Dabei ist darauf hinzuweisen, dass nur fragmentarische, häufig in polemischer Abgrenzung formulierte Texte aus unterschiedlichen Entwicklungsphasen überliefert sind.

Ideologiekritische Umdeutungen

Wenn Marx ankündigt, den Philosophen Hegel »vom Kopf auf die Füße« (Werke 23, 27) zu stellen, verbirgt sich dahinter das Programm, die idealistischen Vorstellungen auf die materiellen Lebensverhältnisse der Menschen zurückzuführen. In *Die Deutsche Ideologie* von 1845/46 (Werke 3) wendet sich Marx der »empirischen« Betrachtung der Geschichte zu und verbindet damit die Kritik an der »spekulativen«, d.h. nicht auf Erfahrung gegründeten Philosophie Hegels. (3, 27; vgl. Arndt 1985, 51) Dieses Verfahren der Ideologiekritik demonstriert Marx am Beispiel mehrerer Begriffe.

Zunächst kritisiert Marx die Idee vom »Selbstbewußtsein« und von der »Selbsterzeugung der Gattung« (3, 37 f.). Wie wir sahen, haben sich Turgot und Kant auf die »menschliche Gattung« berufen; Hegel hat deren Fortschritt zu einem geistigen Bewusstseinsprozess überhöht. An die Stelle der Gattung setzt Marx die »wirklichen Individuen« und an die Stelle des Bewusstseins die »materiellen Lebensbedingungen« (3, 20). Darin besteht nach Marx der »reale Grund« der hegelschen Geschichtsanschauung. Er löst die falschen Totalitäten in die Handlungen einzelner Akteure auf.

Ferner kritisiert Marx die Idee des »Weltgeistes«, die er wiederum auf eine reale Grundlage zu stellen versucht. Er wendet ein, »daß diese Umwandlung der Geschichte in Weltgeschichte nicht etwa eine bloße abstrakte Tat des ›Selbstbewußtseins‹, Weltgeistes oder sonst eines metaphysischen Gespenstes ist, sondern eine ganz materielle, empirisch nachweisbare Tat« (3, 46, vgl. 35 f.; Kittsteiner 1998, 18; 2004, 41). Darunter versteht Marx den expandierenden »Weltmarkt« und die internationale »Teilung der Arbeit«. Indem er den Begriff der Weltgeschichte auf ökonomischen Verkehr gründet, gehört er zu den ersten Theoretikern eines geschichtlichen Prozesses, der heute Globalisierung heißt.

Schließlich kritisiert Marx die Vorstellung, dass sich in der Geschichte irgendeine Zweckidee durchsetze. Er hält es für eine spekulative Verdrehung, dass »die spätere Geschichte zum Zweck der früheren gemacht wird« – als ob z.B. Amerika entdeckt worden sei, um der Französischen Revolution zum Durchbruch zu verhelfen. (3, 45) Damit verliert die Geschichte selbst ihren Status als intentionales Metasubjekt: »*Die Geschichte* tut *nichts*« (2, 98); ebenso wenig benutzt sie die Individuen als »Mittel« für ihren Endzweck, wie Hegel behauptet hat. Es sind vielmehr die Menschen, die etwas tun und dadurch die »Geschichte machen« (3, 28). Darin kulminiert die Kritik an der Teleologie, von der ja die gesamte Geschichtsphilosophie geprägt war.

Arbeit und Geschichte

In seiner Kritik an der deutschen Philosophie knüpft Marx ausdrücklich an die französischen und englischen Historiker an, denen er bescheinigt, die Geschichte auf eine »irdische Basis« gestellt zu haben. (3, 28) So will auch er zeigen, dass die »bürgerliche Gesellschaft der wahre Herd und Schauplatz aller Geschichte ist« (3, 36) – womit er übrigens Hegel mehr verdankt, als er zuzugeben bereit ist. Gleichwohl verschiebt sich das Interesse von der Politik zur Ökonomie. Marx geht dabei von folgenden elementaren Voraussetzungen aus.

Die erste Voraussetzung besteht nach Marx in der physischen Existenz der Menschen und den sie umgebenden Naturbedingungen: »Alle Geschichtsschreibung muss von diesen natürlichen Grundlagen und ihrer Modifikation im Laufe der Geschichte durch die Aktion der Menschen ausgehen.« (3, 21)

Die zweite Voraussetzung besteht in der spezifischen Art und Weise, in der die Menschen auf die naturgegebenen Bedingungen reagieren. Im Unterschied zu den Tieren fangen sie an, sich durch Arbeit am Leben zu erhalten: »Indem die Menschen ihre Lebensmittel produzieren, produzieren sie indirekt ihr materielles Leben selbst.« (ebd.) Die Art der Produktion, d.h., was die Menschen produzieren und wie sie es produzieren, bestimmt demnach ihre Lebensweise.

Die dritte Voraussetzung besteht darin, dass die Individuen diese Arbeit nicht isoliert verrichten, sondern dies von vornherein in gesellschaftlichen Zusammenhängen tun: »[...] bestimmte Individuen, die auf bestimmte Weise produktiv tätig sind, gehen diese bestimmten gesellschaftlichen und politischen Verhältnisse ein« (3, 25). Was Marx hier zusammenfasst, beschreibt er als eine historische Entwicklung, in der sich »Teilung der Arbeit«, »Verkehr der Individuen« und »verschiedene Formen des

Eigentums« herausbilden. (3, 21 ff.) Reproduziert werden daher nicht allein die Menschen als organische Lebewesen, sondern zugleich auch deren soziale Institutionen.

Aus dem Wechselverhältnis von Bedürfnis und Arbeit leitet Marx eine grundlegende Dynamik der Geschichte ab. Am Anfang stehen Grundbedürfnisse wie Essen und Trinken, Wohnung, Kleidung usw. »Die erste geschichtliche Tat ist also die Erzeugung der Mittel zur Befriedigung dieser Bedürfnisse« (3, 28). Sind diese befriedigt, kehrt sich das Verhältnis um, indem sich die Bedürfnisse verändern: »diese Erzeugung neuer Bedürfnisse ist die [zweite] geschichtliche Tat« (ebd.). Bezeichnend ist, dass Marx nicht die Bedürfnisse zur treibenden Kraft der historischen Entwicklung erklärt, sondern die menschliche Arbeit mit ihren sich erweiternden Handlungsmöglichkeiten. (Fleischer, 65 ff.; Rohbeck 2000, 125)

Mit dem Begriff der Arbeit steht Marx in der Tradition der neuzeitlichen Philosophie von der Aufklärung bis Hegel – auch wenn Marx Letzterem vorwirft, nur die »Arbeit des Geistes« gemeint zu haben. Bereits in den *Ökonomisch-philosophischen Manuskripten* (1844) formuliert Marx die These, dass »die ganze sogenannte Weltgeschichte nichts anderes ist als die Erzeugung des Menschen durch die menschliche Arbeit« (Ergänzungsband I, 546). In den *Thesen über Feuerbach* (1845) kritisiert er einen bloß anschauenden Materialismus, der die Sinnlichkeit nicht als »sinnlich menschliche Tätigkeit« begreife, und fordert stattdessen – freilich noch recht vage – einen Materialismus der »Praxis« (Werke 3, 5). Kurz darauf in der *Deutschen Ideologie* folgt dann die entscheidende Präzisierung: Praxis bedeutet jetzt in erster Linie Arbeit, Produktion und Reproduktion. Wenn also davon die Rede ist, dass die Menschen »Geschichte machen«, dann soll dieses Machen eindeutig in der menschlichen Arbeit bestehen. Arbeit und Geschichte bilden einen konstitutiven Zusammenhang.

Dynamik der Gesellschaftsformationen

Der Arbeitsbegriff wird dadurch auch kategorial neu bestimmt. Marx zählt zu seinen eigenen Entdeckungen, den »Doppelcharakter der Arbeit« (23, 56) erkannt zu haben. Denn er begreift die menschliche Arbeit als sowohl natürliches wie auch gesellschaftliches Phänomen. Arbeit ist einerseits »Stoffwechsel mit der Natur«, andererseits ein sozialer Zusammenhang wie Arbeitsteilung und ökonomische Verwertung. (23, 192) Unter dieser Voraussetzung einer Verschränkung von physischer und gesellschaftlicher Reproduktion kann Marx behaupten, die menschliche Arbeit bringe nicht nur Gebrauchsgüter zur Bedürfnisbefriedigung hervor, sondern eben auch bestimmte gesellschaftliche Verhältnisse.

Auf dieser theoretischen Basis rekonstruiert Marx die Stufenfolge bestimmter Gesellschaftsformationen. Das erinnert an die Vier-Stadien-Theorie von Turgot, der die Abfolge von Jägern, Hirten, Ackerbauern und Handel treibenden Völkern beschrieben hatte. Doch diese Stadien bestanden nur in technisch-ökonomischen Entwicklungsniveaus. Demgegenüber orientiert sich Marx vor allem an den unterschiedlichen Eigentumsformen: vom ursprünglichen Stammeigentum, antiken Gemeinde- und Staatseigentum, feudalen Grundeigentum bis zum bürgerlich-kapitalistischen Privateigentum. (3, 22 ff.)

›Logik‹ der Übergänge

Üblicherweise wird mit dem ›Historischen Materialismus‹ die lineare oder gar gesetzmäßige Stufenfolge solcher Gesellschaftsformationen verbunden. Dieser Weg soll hier nicht beschritten werden. (vgl. Fleischer) Stattdessen möchte ich untersuchen, nach welcher ›Logik‹ Marx die *Übergänge* von einer Gesellschaftsformation zur anderen zu erklären versucht. Ausdrücklich spreche ich von Logik, weil sich Marx in späteren Schriften tatsächlich einiger Kategorien aus Hegels *Wissenschaft der Logik* bedient. Nachdem er sich in der *Deutschen Ideologie* von Hegel abgestoßen und programmatisch auf die Empirie berufen hat, greift er nach einer neuerlichen Hegellektüre wieder auf die philosophischen Bestände zurück, ohne die eigenen Grundsätze aufzugeben. Es handelt sich um den keineswegs abgeschlossenen Versuch, das empirische Material theoretisch auf den Begriff zu bringen. Im Vorwort *Zur Kritik der politischen Ökonomie* (1859) fasst Marx die Dynamik der historischen Formationen prägnant zusammen:

»In der gesellschaftlichen Produktion ihres Lebens gehen die Menschen bestimmte, notwendige, von ihrem Willen unabhängige Verhältnisse ein, Produktionsverhältnisse, die einer bestimmten Entwicklungsstufe ihrer materiellen Produktivkräfte entsprechen. [...] Auf einer gewissen Stufe ihrer Entwicklung geraten die materiellen Produktivkräfte der Gesellschaft in Widerspruch mit den vorhandenen Produktionsverhältnissen oder, was nur ein juristischer Ausdruck dafür ist, mit den Eigentumsverhältnissen, innerhalb deren sie sich bisher bewegt hatten. Aus Entwicklungsformen der Produktivkräfte schlagen diese Verhältnisse in Fesseln derselben um. Es tritt dann eine Epoche sozialer Revolutionen ein.« (13, 8 f.)

Die wichtigen Kategorien sind hier »entsprechen« und »Widerspruch«. Sie charakterisieren das sich historisch wandelnde Verhältnis von Produktivkräften, womit die technische Seite, und Produktionsverhältnissen, womit die gesellschaftliche Seite bezeichnet wird. Je nachdem, wie sich diese beiden Seiten wechselseitig fördern oder hemmen, ist eine Gesellschaft stabil oder so labil, dass sie den Weg für eine neue Gesellschaft eröffnet.

Im Hauptwerk *Das Kapital* (Werke 23-25) begründet Marx seine Erwartung, dass der Kapitalismus am Ende sei, konkret mit dem »tendenziellen Fall der Profitrate« und den daraus resultierenden ökonomischen »Krisen«, worin der allgemeine »Widerspruch« der kapitalistischen Produktionsweise zum Vorschein komme (25, 259). Die damit einhergehende Phase »sozialer Revolutionen« soll durch den politischen Kampf unterstützt werden, wie es im *Manifest der Kommunistischen Partei* (1848) heißt: »Die Geschichte aller bisherigen Gesellschaft ist die Geschichte von Klassenkämpfen.« (4, 462)

Wie Rousseau plädiert Marx für eine radikale Veränderung; doch im Unterschied zu Rousseau glaubt Marx, dass die technisch-ökonomische Entwicklung unter anderen sozialen Umständen ins Gute gewendet werden könne. Dabei hält er sich mit Aussagen über Zukunftserwartungen auffallend zurück. Sieht man einmal von aller Geschichtsmetaphysik und Revolutionsrhetorik ab, behauptet Marx mit der Kategorie der *Entsprechung* nichts weiter, als dass neue technische Mittel erweiterte Gebrauchsmöglichkeiten und damit die Voraussetzungen für einen anderen gesellschaftlichen Gebrauch der Technik schaffen.

Von der Geschichtsphilosophie zur Wissenschaft der Geschichte

Die Betonung von Widerspruch, Umschlag, Krise und Revolution hat für das Geschichtsbild zur Konsequenz, dass an die Stelle historischer Kontinuität auch Brüche in der Geschichte treten. Doch über die genannten Epochenwechsel hinaus behauptet Marx noch eine grundlegende Zäsur, die erst mit dem Ende des Kapitalismus erreicht werde: dann soll nämlich die »Vorgeschichte der menschlichen Gesellschaft« abgeschlossen sein. (13, 9) Wie ist das zu verstehen?

Eine solche Einteilung ist seit der Aufklärung verbreitet. Demnach geht die Geschichte der Menschheit nicht einfach aus der

Naturgeschichte hervor, sondern die Naturgeschichte wirkt noch so lange fort, bis in die Geschichte endlich Vernunft und Freiheit einkehren. (Lutz-Bachmann, 66) Marx radikalisiert diesen Gedanken, indem er die Fortsetzung der Naturgeschichte bis in den Kapitalismus hinein behauptet. Damit meint er nicht die unhintergehbare physische Natur der Menschen; er spricht vielmehr vom »naturwüchsigen« Charakter der kapitalistischen Verhältnisse. (23, 89) Hinter dieser Metapher verbirgt sich die Beobachtung, dass die ökonomischen Gesetze eine Eigendynamik entfalten, die sich unabhängig vom Willen der Beteiligten durchsetzt. Diesen spezifisch gesellschaftlichen Zustand der ›Naturgeschichte‹ hält Marx für überwunden, wenn die Menschen sich in die Lage versetzt haben werden, ihre sozialen Beziehungen vernünftig zu planen. Auf der produktiven Basis stellt er ein »Reich der Freiheit« in Aussicht. (25, 828) In solchen Äußerungen werden normative Prämissen genannt, die ansonsten eher implizit bleiben. (Lutz-Bachmann, 170 ff.)

Dann wird nach Marx auch die letzte antagonistische Form des gesellschaftlichen Produktionsprozesses beendet sein. Doch was soll nach dieser Vorgeschichte folgen, wenn es keine Antagonismen mehr geben wird? Die ›eigentliche‹ Geschichte? Oder die ›Nachgeschichte‹, weil die großen Kämpfe vorüber sind? So räumt Marx ein, nach der Epoche des Kapitalismus »werden die gesellschaftlichen Evolutionen aufhören, politische Revolutionen zu sein.« (4, 182) Zeichnete sich schon bei Hegel in der bürgerlichen Gesellschaft ein mögliches ›Ende der Geschichte‹ ab, so gibt es auch bei Marx Anzeichen eines ›Posthistoire‹.

Im nächsten Kapitel beschäftigt uns jedoch erst einmal der Historismus, der ja fast zeitgleich mit dem Marxismus entstanden ist und zu dem es einige Parallelen gibt. Auch Marx radikalisiert die historische Perspektive und betrachtet Natur und Mensch als etwas geschichtlich Gewordenes: »Wir kennen nur eine einzige Wissenschaft, die Wissenschaft von der Geschichte.« (3, 18) Außerdem will er mit der Kritik an der philosophischen Spekulation und mit der Hinwendung zur Empirie eine »positive Wissenschaft« (27) begründen. Allerdings bedeutet dies bei ihm noch keine Abkehr von der Philosophie überhaupt – eher eine kritische Distanzierung vom historischen Denktyp der Geschichtsphilosophie. Deren Teleologie verabschiedet zu haben verbindet ihn mit den Vertretern des Historismus. Gleichwohl sind die Unterschiede nicht zu übersehen. Dazu gehören der Zusammenhang von Natur und Geschichte, die Idee der Weltgeschichte und vor allem der Vorrang der technisch-ökonomischen Evolution.

Zweites Kapitel
Historismus: Wie ist historische Erkenntnis möglich?

Mit dem Historismus folgt die zweite Großorientierung geschichtlicher Reflexion. Entstanden ist dieser Denktyp im Anschluss an die Geschichtsphilosophie der Aufklärung und des deutschen Idealismus, in eine Krise geraten ist er zu Beginn des 20. Jahrhunderts; es handelt sich also um eine typische Strömung des 19. Jahrhunderts. Das Schlagwort *Historismus* ist seit der Mitte des Jahrhunderts nachweisbar. Ganz allgemein bedeutet es, dass die Geschichte als etwas Fundamentales betrachtet wird und dass alle Lebensbereiche wie überhaupt das menschliche Dasein als geschichtlich Gewordenes verstanden werden. Dahinter steht die Erfahrung eines beschleunigten sozialen Wandels, der die Annahme ›ewiger‹ Werte und Vernunftprinzipien radikal in Frage stellt.

Etablierung der Geschichtswissenschaften

Den institutionellen Rahmen bildete die moderne Geschichtswissenschaft, die sich als akademische Disziplin an den Universitäten zu etablieren begann und dabei ihre fachspezifischen Standards ausarbeitete. Im Zuge dieser Professionalisierung waren es jetzt vor allem hauptberufliche Historiker, die ihre eigene Forschungspraxis reflektierten. Damit löste sich sowohl die Geschichtsschreibung als auch deren theoretische Betrachtung von der philosophischen Reflexion über Geschichte ab. Geschichtswissenschaft und Philosophie gingen nun getrennte Wege.

Es verwundert daher nicht, dass sich die neuen Geschichtstheoretiker explizit von der vorausgegangenen Philosophie der Geschichte abgrenzten. Ihr warf man vor, nur spekulativ verfahren zu sein. Das historische Material sei nach abstrakten Vernunftprinzipien zurechtgebogen worden, damit sich die einmal in den Kopf gesetzten Ideale in der Menschheitsgeschichte bewahrheiteten. An die Stelle solcher Spekulationen setzten die Vertreter des Historismus die *empirische Forschung*, um mit den zeitgenössischen Naturwissenschaften in dieser Hinsicht Schritt zu halten. Dazu gehörten die sorgfältige Sammlung und Prüfung der Quellen aus der Vergangenheit sowie die vorsichtige Verknüpfung der belegten Tatsachen zu historischen Zusammenhängen. Und dazu gehörte auch der Vorrang der Detailforschung mit eingegrenzten Themen. In diesem Geiste sind wegweisende Werke entstanden wie die *Geschichten der romanischen und germanischen Völker* (1824) von Leopold von Ranke (1795-1886).

Mit dem berühmt gewordenen Satz, er wolle »blos zeigen, wie es eigentlich gewesen« ist, hat Ranke ein ebenso programmatisches wie umstrittenes Motto des Historismus geprägt. (1885, VIII) Es dokumentiert den wissenschaftlichen Anspruch auf Empirie, birgt jedoch die Gefahr eines naiven Realismus und Positivismus, der dem Historismus häufig vorgeworfen, aber noch innerhalb der historistischen Tradition überwunden wird.

Genauer betrachtet, beschränkte sich die Kritik der Historiker des 19. Jahrhunderts an der alten Geschichtsphilosophie keineswegs auf methodische Fragen. Eine ebenso große Rolle spielten die Inhalte der Geschichte. Die Leitideen der Aufklärung bis

Hegel gerieten zunehmend in Misskredit; so stand man den Zielen wie Fortschritt und Weltbürgertum skeptisch gegenüber. Verantwortlich dafür waren die Erfahrungen mit der Französischen Revolution und das Scheitern der Revolution in Deutschland. Hinzu kam insgesamt ein Unbehagen an der modernen Zivilisation, der man die Fähigkeit zur ›höheren‹ Kultur prinzipiell absprach. Vor allem in Deutschland wendete man sich anderen historischen Themen zu: den sich etablierenden Nationalstaaten und den je besonderen nationalen Kulturen, die sich einem generalisierenden Maßstab des Fortschritts entzogen. In der folgenden Darstellung sollen jedoch auch gegenläufige Tendenzen zur Sprache kommen, indem der Historismus sozusagen gegen den Strich gebürstet wird.

Aufklärung und Historismus

Die formale und inhaltliche Abgrenzung von der Geschichtsphilosophie der Aufklärung gehört zum Selbstverständnis des Historismus. Schon Johann Gustav Droysen würdigt in seiner *Historik* (1858) zwar die »erklärende Methode« von Voltaire, Turgot und anderen Aufklärern, aber sie kamen seiner Auffassung nach »nicht zu der Frage nach dem Wesen der Geschichte und ihrem wissenschaftlichen Charakter« (49 f.). Noch Friedrich Meinecke (1862-1954) spricht in der *Entstehung des Historismus* (1936) vor allem den französischen Aufklärern jeden »Sinn« für das Historische ab (I, 74 ff.). Während die Aufklärung nur rationalistische und damit ungeschichtliche Konstrukte hervorgebracht habe, sei es allein das moderne Verdienst des Historismus, die Welt der Geschichte entdeckt zu haben. Das betreffe sowohl die empirische Methode als auch das Bewusstsein über den geschichtlichen Charakter der Kultur. Diese Entgegensetzung von Aufklärung und Historismus ist typisch für diese

Epoche; sie ist noch bis ins 20. Jahrhundert, bis nach dem Zweiten Weltkrieg verbreitet.

Seit einigen Jahrzehnten hat sich das Bild über das Geschichtsdenken der Aufklärung geändert (vgl. Jäger/Rüsen, 11 ff.). Die Kritik des Historismus gilt seitdem als sachlich ungerechtfertigt und polemisch im Stil. Wie sich zeigte, ist die Geschichte bereits um die Mitte des 18. Jahrhunderts zu einem wissenschaftlichen Gegenstand geworden. Das gilt gerade auch für die historische Methode der Quellenkritik und gedanklichen Synthese. Wenn das zutrifft, ist es eher geboten, zwischen Aufklärung und Historismus keinen Bruch, sondern einen kontinuierlichen Prozess der Verwissenschaftlichung zu sehen, in welchem die im 18. Jahrhundert entwickelten Standards fortgeschrieben werden. (im Unterschied zu Muhlack, 7: Rüsen 1993, 29 ff.; Rüsen 1996, 119 ff.; Blanke, 69 ff.) Betont man die Kontinuität, kann der Historismus selber als Aufklärung, eben als spezifisch historische Aufklärung gewertet werden. (Schnädelbach, 28; vgl. Steenblock)

Gleichwohl gibt es zwischen der Geschichtsphilosophie der Aufklärung und dem Historismus Unterschiede, so dass in der Kontinuität zugleich ein tief greifender Wandel enthalten ist. Wie angedeutet, betrifft dieser Wandel sowohl methodische als auch inhaltliche Aspekte. Es wäre ein Irrtum zu glauben, im 18. Jahrhundert habe man nur über ›die Geschichte‹ und im 19. Jahrhundert ausschließlich über die Methode nachgedacht. Vielmehr verschränken sich in beiden Epochen wie auch im Übergang beide Seiten. Auch der Historismus besitzt eine eigene materiale Philosophie der Geschichte. Im Folgenden soll auf diesen Zusammenhang der formalen und materialen Reflexion ein besonderes Augenmerk gerichtet werden. Es geht hier weniger um die Wissenschaftsgeschichte einer Fachdisziplin als um die geschichtsphilosophischen Gedanken einer Epoche. Um deren Besonderheit allgemein und kontrastiv zu charakterisieren, möchte ich die folgenden drei Themenbereiche (in Variation zu Schnädelbach, 19 ff.) aus philosophischer Perspektive betonen.

Erkenntnistheorie, Ethik und Ontologie

Erkenntnistheorie: Wie die Darstellung der Aufklärung zeigte, hat erst Kant die Wende zum Subjekt historischer Erkenntnis vollzogen. Daran knüpfen die Vertreter des Historismus wie Droysen und Dilthey programmatisch an, indem sie die konstitutive Rolle des Erkenntnissubjekts für die Vorstellung von Geschichte herausarbeiten. Sie fragen nicht primär: Was ist Geschichte? Sondern: Was tut ein Historiker, um sich seinem Objekt anzunähern? Dabei gelangen sie zu einer folgenreichen Unterscheidung, die in der Aufklärung gefehlt hat, weil dort meistens das naturwissenschaftliche Modell der Kausalerklärung auf den Bereich der Geschichte übertragen wurde. Das entsprach einer generalisierenden Sicht auf die Geschichte im Ganzen. Dagegen bietet der Historismus die besondere Methode des »Verstehens« auf, die auch Hermeneutik genannt wird und deren Modell im Nachvollzug von Intentionen menschlicher Handlungen besteht. Mit dieser Hinwendung zum Subjekt der Geschichtserkenntnis konzentriert sich das Interesse auf das Historisch-Individuelle. Freilich entsteht das Problem, wie angesichts dieser Individualisierung verallgemeinernde Aussagen und damit überhaupt wissenschaftliche Erkenntnisse möglich sind.

Ethik: Schon die Vertreter der Aufklärung machten die Erfahrung, dass Werte und Normen relativ werden. Im Zuge kolonialer Entdeckungen lernten sie die kulturelle Vielfalt menschlicher Lebensgewohnheiten kennen. Doch hielten sie zugleich an der Idee des Naturrechts fest, mit dem sich ein ›natürlicher‹, d.h. vorgeschichtlicher und damit allgemeiner Maßstab der Beurteilung fremder Kulturen anbot. Nach der Französischen Revolution und auch seit Hegel hatte die naturrechtliche Philosophie ihre Geltung verloren. Außerdem wurde die gesellschaftliche Modernisierung des 19. Jahrhunderts und später der Erste Weltkrieg als Orientierungskrise empfunden. Diese Stimmung prägte den Historismus, der zugleich selbst an der Relativierung der Werte beteiligt war. Wenn nach Ranke »jede Epoche [...] unmittelbar zu Gott« (1971, 59) ist, wenn also jede Epoche ihren eigenen Wertmaßstab in sich trägt und keine generalisierende Beurteilung ›von außen‹ duldet, droht die Gefahr des Relativismus. Dies ist das Kernproblem des Historismus. Ernst Troeltsch versucht, die »Krise« zu überwinden, indem er eine Synthese aus Ethik und Geschichtsphilosophie vorschlägt.

Ontologie: Im Grunde kommt in der Relativierung der Werte eine tief greifende Historisierung zum Ausdruck. Die Werte, die an die Geschichte zur Beurteilung angelegt werden, sind selbst geschichtlich geworden und haben mit dieser Einsicht ihre absolute Geltung verloren. Das gilt auch für die historische Erkenntnis, deren Subjekt sich darüber bewusst wird, dass es selber an der historischen Bewegung teilnimmt. Dass überhaupt über Geschichte nachgedacht wird, ist ja bereits das Resultat einer historischen Entwicklung im 18. und 19. Jahrhundert. Der ganze Mensch und mit ihm die ganze Welt geraten in den Sog des Historischen. Die Geschichte wird zur übergreifenden Kategorie. Eine derartige Historisierung war in der Aufklärung undenkbar, in der man noch von bestimmten anthropologischen Konstanten wie etwa von einer allgemeinen Menschenvernunft ausging. Und Hegel hat zwar die Geschichte universalisiert, sie aber zugleich in sein philosophisches System eingebunden. Erst der Historismus treibt die Verabsolutierung des Historischen bis zur äußersten Grenze. Darin besteht seine ontologische Dimension.

Historismus und Posthistoire

Natürlich gibt es auch Grenzen des Historismus. Von der ›Krise‹ des Historismus und ihrer ethischen Überwindung war ja schon die Rede. Ebenso negativ wirkt sich die Distanz zur modernen Zivilisation aus, deren technische, wirtschaftliche und gesellschaftliche Entwicklungen wenig berücksichtigt werden. Das wirft wiederum methodische Probleme auf, weil die Fixierung auf individuelle Intentionen der Eigendynamik sozialer Systeme nicht gerecht wird. Ferner führt die strikte Unterscheidung zwischen dem Erklären, das sich an den Naturwissenschaften orientiert, und dem Verstehen, womit die Geisteswissenschaften begründet werden, zu einer Trennung der Wissenskulturen – zu einem Zwiespalt, der heute problematisch geworden ist. Will man die Defizite des Historismus ausgleichen, liegt es nahe, wieder auf bestimmte Theoreme der Aufklärung zurückzugreifen und deren Geschichtsphilosophie aufzuwerten. Schließt man sich hingegen der Zivilisationskritik des Historismus an, führt der Weg vom Historismus zum Posthistoire, zwischen denen mehr Übereinstimmungen bestehen, als die gegensätzlichen Begriffe vermuten lassen. Doch diese Überlegungen sind dem Schlusskapitel vorbehalten.

Zunächst geht es um den Historismus als historischen Denktyp und als systematische Kategorie. Dabei verwende ich einen weiten Begriff, der sowohl frühere Ansätze als auch spätere Ausformungen zulässt. Zu den ›Vorläufern‹ im 18. Jahrhundert gehört Johann Gottfried Herder (1744-1803), der in seiner Schrift *Auch eine Philosophie der Geschichte zur Bildung der Menschheit* (1774) die Fortschrittstheorie der französischen Aufklärung kritisiert hat. Von ihm stammt die Einsicht, dass jede historische Epoche ihren eigenen Wertmaßstab in sich trägt. Ebenso wirksam ist die noch früher entstandene Geschichtsphilosophie von Giovanni Battista Vico, der das Erkenntnisprinzip formuliert hat, dass die Menschen die Geschichte deshalb am besten verstehen, weil sie diese selber geschaffen haben. Dieses ›Vico-Axiom‹ bildet ein Leitmotiv des Historismus und hat hier seinen systematischen Ort.

Zu den Fortsetzungen des Historismus rechne ich auch Theorien der historischen *Erzählung.* (vgl. Schiffer) Damit tritt die in der Einleitung erläuterte zweite Seite des Geschichtsbegriffs als *Historie* in den Vordergrund. Schon Droysen hat auf die Formen der Darstellung in Geschichtswerken aufmerksam gemacht und das Erzählen thematisiert. Die narrative Struktur historiographischer Texte bildet denn auch das Zentrum entsprechender Untersuchungen in der zweiten Hälfte des 20. Jahrhunderts. Dies wird exemplarisch an Paul Ricœur gezeigt, der in der hermeneutischen Tradition steht und insofern den Historismus fortschreibt. Teils stammen die Erzähltheorien aus der *analytischen Philosophie* (vgl. Acham), teils aus dem *Posthistoire*, womit sich in diesem Zusammenhang der Name Hayden White verbindet. Die Gemeinsamkeit mit dem Historismus besteht in der Grundüberzeugung, dass Denken und Sprache nicht zuletzt auch das Geschichtsbild prägen. Damit stellt sich das brisante Problem, worin sich fiktive Erzählung und historische Darstellung unterscheiden.

1. Die neue Methode (Vico)

Giovanni Battista Vico (1668-1744) hat das Verständnis für die historische Methode geschärft. Während er der französischen und englischen Aufklärung eine einseitige Fixierung auf die Naturwissenschaft vorwirft, beabsichtigt er mit seiner *Neuen Wissenschaft über die gemeinsame Natur der Völker* (1725), die Geschichte der Kulturen aufzuwerten und methodisch zu erschließen. Vico gehört damit nicht nur zu den frühen Wegbereitern des Historismus, sondern auch der modernen Geisteswissenschaften.

Historische Erkenntnis

Zunächst tritt Vico mit einem wissenschaftlichen Anspruch auf, der für einen Philosophen der Neuzeit typisch ist: Um in der Geschichte gesicherte Erkenntnisse zu finden, dürfe man sich weder auf die »Philologen« noch auf die früheren »Philosophen« verlassen. (I, 142) Wer beispielsweise etwas über die Anfänge menschlicher Kultur wissen wolle, müsse sich mit der »Anmaßung der Gelehrten« herumschlagen, zumal jedes Volk das erste gewesen sein will. Wer hingegen die »Prinzipien« einer Wissenschaft erkennen wolle, sollte »so tun, als ob es keine Bücher auf der Welt gebe«. Das erinnert an René Descartes (1596-1650), der rund einhundert Jahre zuvor eine ähnlich radikale Kritik am überlieferten Wissen geübt hatte. Doch der Bezug zu Descartes ist zwiespältig. Während dieser einen neuen Anfang für die Begründung der Physik forderte, versucht Vico eine Grundlegung auf dem Gebiet der Geschichte.

Die implizite Kritik an Descartes beginnt mit einem metaphysisch-theologischen Argument (Cacciatore): mit der Unterscheidung zwischen Gott und Mensch:

»Folgendes muss bei jedem, der darüber reflektiert, Staunen erregen – wie nämlich alle Philosophen sich ernsthaft darum bemüht haben, Wissen zu erlangen von der Welt der Natur, von der doch, weil Gott sie schuf, er allein Wissen haben kann, und wie sie vernachlässigt haben, diese Welt der Völker oder politische Welt zu erforschen, von der, weil Menschen sie geschaffen hatten, die Menschen auch Wissen erlangen konnten.« (I, 143)

Dies mag man als religiöse Bescheidenheit werten: Während Gottes Erkenntnis allumfassend ist, verfügt der Mensch über nur begrenzte Erkenntnisfähigkeiten. Dieser Einwand richtet sich gegen Descartes, der ja nichts Geringeres beansprucht hat, als die innersten Prinzipien der Natur zu rekonstruieren. Auf diese Weise wird der Physiker zum Teilhaber der göttlichen Vernunft – ein Anspruch, der im 18. Jahrhundert in Zweifel gezogen wird.

Aus dieser Not macht Vico eine Tugend. Anders formuliert: Er spitzt das Erkenntnisproblem der Naturwissenschaft zu, um die Stärken menschlichen Wissens auf einem anderen Gebiet um so mehr herausstreichen zu können. Gemeint ist die »Welt der Völker« oder die »politische Welt«, die dem Menschen unmittelbar zugänglich sei, weil er sie selbst geschaffen habe. Diese Begründung stellt wieder eine Analogie zu Gott her: *Wie* Gott seine Welt der Natur zu erkennen vermag, weil er sie geschaffen habe, *so* könne der Mensch über die von ihm geschaffene Welt der Kultur gesichertes Wissen erlangen. Ganz unbescheiden setzt sich der Mensch nun doch an die Stelle Gottes – freilich auf einem anderen Feld. Vicos Grundidee besteht also darin, Descartes' Methode von der Natur auf die Kultur zu übertragen.

Machbarkeit der geschichtlichen Welt

Das Modell dieser Übertragung stammt indessen aus der Politik. Zeitgleich mit Descartes hatte Thomas Hobbes (1588-1679) die naturwissenschaftliche Methode auf den von den Menschen gebildeten Staat angewandt. Wie ein Techniker eine Maschine aus mechanischen Teilen zusammensetzt, so vereinen sich die einzelnen Menschen durch Vertrag zu einem politischen Körper. Bereits hier gilt: Weil die Menschen bei der Staatengründung die Urheber sind, können sie auch das Konstruktionsprinzip erkennen.

Auf ähnliche Weise behauptet Vico, den Bauplan der »politischen Welt« und damit der Geschichte zu kennen. Darin besteht denn auch das ›Axiom‹ (Fellmann) von Vicos Geschichtsphilosophie:

»daß diese politische Welt sicherlich von den Menschen gemacht worden ist; deswegen können (denn sie müssen) ihre Prinzipien innerhalb der Modifikationen unseres eigenen menschlichen Geistes gefunden werden.« (I, 142)

Berühmt geworden ist die These, »das Wahre und das Gemachte sind ineinander übertragbar«, was dasselbe bedeutet wie: Jeder Mensch kennt dasjenige am besten, was er selber hergestellt hat. Betrachtet er sein fertiges Produkt, kann er in umgekehrter Reihenfolge auf die Elemente und Verfahren der Produktion schließen. Letztlich erkennt sich der Mensch in seinen Machwerken wieder. Erkenntnis der Geschichte wird zur Selbsterkenntnis. Wenn Vico an dieser Gewissheit keinen Zweifel mehr zulässt, überbietet er sogar den Erkenntnisanspruch der Naturwissenschaft. Er beschränkt sich nicht auf die Beschreibung von Phänomenen, sondern beansprucht die Erkenntnis von »allgemeinen und ewigen Prinzipien«, wie er überhaupt eine »ewige ideale Geschichte« (I, 154) voraussetzt.

Für die materiale Geschichtsphilosophie folgt daraus der bahnbrechende Grundsatz, dass »die Welt der Völker von den Menschen gemacht worden ist« (I, 143). Kurz: Die Menschen machen ihre eigene Geschichte. Galt im Mittelalter Gott als Schöpfer der Geschichte, so setzt sich seit der beginnenden Neuzeit der Mensch an die Stelle Gottes als Baumeister seiner eigenen Geschichte. Mit dieser Selbstermächtigung des Menschen, welche die anfängliche Bescheidenheit in den Schatten stellt, gehört Vico zu den Protagonisten der europäischen Aufklärung.

Freilich wird die gerade errungene Macht wieder gebrochen, wie ja im Laufe der Geschichte der Geschichtsphilosophie zu beobachten war. Das Axiom der Machbarkeit ist schon bei Vico nicht so zu verstehen, als ob die Menschen ihre Geschichte im Voraus zu planen imstande wären. Im Gegenteil: Die Individuen werden nur von »Selbstsucht« getrieben und streben nach dem eigenen Vorteil. Wenn daraus dennoch »gerechte« Institutionen hervorgehen, verdanken sich diese der »göttlichen Vorsehung«, die ausdrücklich »ohne menschliche Absicht oder Vorkehrung, ja häufig gegen deren eigene Pläne« (I, 151) waltet. Diese Denkfigur stimmt mit der Teleologie von Turgot bis Hegel ziemlich genau überein.

Konzept der Kulturgeschichte

Wenn es heißt, die Menschen »machen« ihre Geschichte, ist genauer zu fragen, welche Art Machen damit gemeint ist. Welcher Handlungstyp verbirgt sich dahinter? Das führt uns zu den anfangs gesuchten »Prinzipien«, die nur aus bestimmten Tätigkeiten oder aus deren Resultaten bestehen können. Vico beantwortet diese Frage mit dem Hinweis darauf, dass alle Völker »irgendeine Religion haben, dass sie alle feierlich die Ehen schließen, dass sie alle ihre Toten bestatten« (I, 143). Folglich hält er »Religionsausübungen, Ehen und Begräbnisse« für die »drei ersten Prinzipien unserer Wissenschaft«.

Eindeutig legt Vico das *soziale Handeln* zu Grunde, aus dem er bestimmte Institutionen hervorgehen lässt. Nicht das technische Herstellen bildet das Handlungsmodell seiner neuen Geschichtswissenschaft, sondern – in heutiger Sprache – das kommunikative Handeln in gesellschaftlichen Kontexten. Darin unterscheidet er sich von französischen und englischen Geschichtstheoretikern, welche ja von den Fortschritten in Wissenschaft, Technik und Ökonomie ausgegangen waren. Vicos Kulturverständnis entspricht vielmehr dem späteren Historismus, der damit eine explizite Abkehr von der Vorstellung einer wissenschaftlich-technischen Zivilisierung verbindet. Weil der Geschichtsphilosophie Vicos die gesellschaftliche Dynamik fehlt, gehört er auch nicht zu den Anhängern der Fortschrittsidee. Er favorisiert ein zyklisches Geschichtsmodell.

Wir brechen die Darstellung dieser sehr verzweigten Geschichtsphilosophie ab, die noch viele andere Themen wie Mythen, Poesie, Sprache, Zeichen usw. enthält. Im Zusammenhang dieses Kapitels ist wichtig, dass Vico den Boden für eine Kulturwissenschaft bereitet hat, welche die soziale Praxis in den Vordergrund stellt. Mit diesem Inhalt hängt die methodische Öffnung zur Hermeneutik geschichtlicher Gegenstände zusammen. Auf diese Weise hat Vico im damals fernen Neapel, schon zu Beginn des 18. Jahrhunderts und in kritischer Distanz zur Hauptströmung der Aufklärung, neue Wege beschritten.

2. Logik der Geschichtswissenschaft (Droysen)

Johann Gustav Droysen (1808-1884) hielt seine Vorlesung über die Theorie der Geschichtswissenschaft zwischen 1857 und 1883 regelmäßig. Sie lag den Hörern seit 1858 als schematischer *Grundriß* vor; das ausführliche Manuskript ist erst posthum veröffentlicht worden. Wie der Titel *Historik* andeutet, handelt es sich um ein »Organon des historischen Denkens und Forschens« (425), sozusagen um das Handwerkszeug für Historiker. Es war der erste umfassende Kanon, der auch traditionsbildend wirkte. Er diente der Professionalisierung und Institutionalisierung der Geschichtswissenschaft als akademischer Disziplin im 19. Jahrhundert.

Doch handelt es sich um wesentlich mehr als um eine bloße Methodologie. Zugleich umfasst die *Historik* sozial- und geschichtsphilosophische Systematisierungen. Das kommt in der Aufteilung des Werkes in eine formale »Methodik« und in eine inhaltliche »Systematik« zum Ausdruck. Die materiale Geschichtsphilosophie orientiert sich in erster Linie an Hegel, berücksichtigt aber auch die Erfahrung der Industrialisierung des 19. Jahrhunderts – mehr als bei jedem anderen Vertreter des Historismus.

Die beiden Teile folgen nicht äußerlich aufeinander, vielmehr bestimmen die inhaltlichen Vorstellungen über den spezifischen Gegenstand die methodologischen Überlegungen. Droysen ist also das erste und zugleich beste Beispiel dafür, dass sich der Historismus keineswegs auf Methodologie beschränkt. Paradigmatisch ist die Synthese von geschichtsphilosophischen und wissenschaftslogischen Reflexionen, die sich mit einer Rezeption der Hermeneutik verbinden und so die Position von Dilthey vorbereiten. (vgl. Schnädelbach, 89 ff.; Rüsen 1993, 226 ff.) Bereits bei Droysen ist die folgenreiche Trennung von Natur- und Geisteswissenschaften angelegt, doch noch nicht zum späteren Gegensatz der ›Zwei Kulturen‹ verfestigt. Die Berücksichtigung moderner Erfahrungen sowie die methodologische Offenheit erlauben es, auch heute noch an Droysen anzuknüpfen (vgl. Meran).

Methode historischer Forschung

Wer nach Kant die Methode einer Einzeldisziplin mit wissenschaftlichem Anspruch reflektiert, kann dies nur in erkenntniskritischer Absicht tun. Die Frage lautet also: Wie ist historische Erkenntnis möglich? Und wer die kantische Wendung ernst nimmt, wird dabei die konstruktive Leistung des erkennenden

Subjekts in den Vordergrund stellen. In diesem Fall heißt das: Geschichte erschließt sich erst, wenn man die forschende und darstellende Tätigkeit des Historikers zum Thema macht. Genau an diesem Punkt setzt Droysens *Historik* an.

Dabei gelangt er zu einer überraschenden Antwort: Gegenstand ist gar nicht ›die Geschichte‹ als Vergangenheit, weil vergangene Geschehnisse keinen unmittelbaren Zugriff erlauben. Vielmehr gilt: »Der erste Schritt zur richtigen historischen Erkenntnis ist die Einsicht, daß sie es zu tun hat mit einer *Gegenwart* von Materialien.« (9, vgl. 422) Darunter versteht Droysen Dokumente und Monumente, die dem Historiker gegenwärtig vorliegen und von denen er nur weiß, dass sie aus vergangenen Zeiten stammen.

Aus diesem elementaren Umstand folgt eine Unterscheidung wie auch eine Umkehrung von Forschung und Darstellung. In der Darstellung erscheint die Geschichte als zeitliches Nacheinander der Ereignisse; die historische Erzählung imitiert gleichsam ihren Gegenstand. Demgegenüber geht die Forschung des Historikers den umgekehrten Weg: ausgehend vom gegenwärtigen Material rückwärts in die Vergangenheit. (9) Die historische Forschung besteht in der reflektierten und zielgerichteten »Erinnerung« an vergangene Geschehnisse. (425) Daraus folgt wiederum: Was wir Geschichte nennen, ist nicht einfach das Geschehene; denn das Vergangene existiert nicht mehr. Unser Bild von Geschichte entsteht erst durch die deutende Rekonstruktion des Historikers mittels schematischer Bilder und konventioneller Zeichen. (8) Interpretieren und Darstellen sind daher konstitutiv für Geschichte.

In dieser Art Konstruktivismus besteht das Neue von Droysens »Methodik«. Im Einzelnen operationalisiert er den Prozess historischer Erkenntnis erstens in eine »Heuristik«, durch welche die Materialien unter bestimmten Fragestellungen gesammelt werden (67 ff.), zweitens in eine »Kritik«, durch welche die Quellenbefunde inhaltlich geprüft werden (111 ff.), drittens in eine »Interpretation«, durch welche die Zeugnisse der Vergangenheit im geschichtlichen Zusammenhang gedeutet werden (159 ff.), und viertens in eine »Apodeixis« mit verschiedenen Formen der Darstellung (217 ff.; vgl. Rüsen 1993, 257 f.). Auch für die »erzählende Darstellung« gilt, dass sie keinen realen Verlauf abbildet, sondern vom subjektiven Standpunkt aus ein geistiges Bild der Geschichte konstruiert; das Besondere besteht jedoch, wie schon Hegel bemerkte, in ihrem künstlerischen und damit »mimetisch[en]« Charakter (229 ff.; vgl. Schiffer, 108 ff.). Ohne auf die fachspezifischen Details weiter einzugehen, soll die Methode der Interpretation noch näher erläutert werden.

Mit seiner Theorie der Interpretation nimmt Droysen ein Denkmotiv der Romantik, die philosophische Hermeneutik, auf; zum ersten Mal fügt er sie in die Geschichtswissenschaft ein und konfrontiert sie zugleich mit den Naturwissenschaften. Während diese natürliche Wirkungen kausal erklären und nach allgemeinen Gesetzen suchen, versucht jene, individuelle historische Geschehnisse zu »verstehen« (423; vgl. 22, 27, 161). Dem Unterschied zwischen Natur und Geschichte entspricht also der methodische Gegensatz von *Erklären* und *Verstehen*. Und Verstehen heißt, das historische Material, also sprachlich verfasste Dokumente, Institutionen, Ereignisfolgen usw. als »Ausdruck« menschlicher Willensakte zu rekonstruieren. »Nur was Menschengeist und Menschenhand gestaltet, geprägt, berührt hat, nur die Menschenspur leuchtet uns wieder auf. [...] Die Möglichkeit des Verstehens besteht in der uns kongenialen Art der Äußerungen, die als historisches Material vorliegen« (422 f.; vgl. 25, 57, 164). Dies entspricht dem Axiom von Vico, dass die Menschen historische Tatsachen deshalb am besten erkennen können, weil sie diese selber erzeugt haben. Wie wir sahen, liegt dieses Entäußerungsmodell auch Hegels Geschichtsphilosophie zu Grunde. Das forschende Verstehen folgt dieser Struktur der Veräußerung in umgekehrter Reihenfolge.

Materiale Geschichtsphilosophie

Mit dem Verhältnis von »Ausdruck« und »Verstehen« ist ein Schnittpunkt erreicht, an dem sich formale Methodik und materiale Geschichtsphilosophie miteinander verschränken. Droysen selbst macht darauf aufmerksam, dass die Bearbeitung des historischen Materials von bestimmten Voraussetzungen geprägt wird. (7) Und dazu gehört nicht zuletzt ein inhaltlicher Vorbegriff, den er unter dem Titel »Die Geschichte« seiner Methodik voranstellt. »Die Methode der historischen Forschung ist bestimmt durch den morphologischen Charakter des Materials.« (423; vgl. Schnädelbach, 101) Im vorliegenden Fall bedeutet das: Die historische Methode setzt ein bestimmtes Modell menschlicher Handlungen voraus, die als ›äußere‹ Realisierungen von ›inneren‹ Zweckvorstellungen verstanden werden. Letztlich setzt dieses teleologische Handlungsmodell individuelle und ideelle Intentionen voraus. Auf die Geschichte übertragen, erweckt dieses Modell allerdings den fatalen Eindruck, ›große Individuen‹ formten die Geschichte nach ihren Ideen.

Doch die Pointe von Droysens Geschichtsphilosophie besteht darin, dass er zwar Intentionen und deren Äußerungen voraussetzt, aber die historischen Akteure keineswegs auf Individuen beschränkt. Im Gegenteil, sein Verdienst ist es, das Problem kollektiver Subjekte der Geschichte reflektiert zu haben: »Was uns vorliegt, ist der Aus- und Abdruck von Willensakten, und diese müssen wir in ihrer Äußerung zu verstehen suchen. Aber wir wissen schon, daß nur die wenigsten Tatsachen sich als Äußerungen *eines* Willensaktes darstellen.« (164) Gegenstand historischer Forschung sind nicht primär individuelle Handlungen, sondern größere Handlungszusammenhänge, an welchen die einzelnen Individuen teilhaben. Diese fasst Droysen als Teil eines Ganzen oder einer historischen Totalität auf, als Vertreter kultureller Gemeinsamkeiten, die sich im Laufe der Geschichte herausgebildet haben. So zielt das Verstehen auf etwas Allgemeines und Notwendiges, mithin auf das Typische im Individuellen (365, 424).

Die Geschichte als zeitliche Folge betrachtet, setzt Droysen ein Nacheinander voraus, das er als »Kontinutät« wie auch als »fortschreitende Steigerung« begreift (421), als ein »unendliches Fortschreiten des Könnens und Wollens, des Freiseins und Verantwortlichseins« (17). Subjekt dieses gerichteten und weltgeschichtlichen Prozesses ist für Droysen die menschliche »Gattung«, die nun radikal historisiert wird (17). An deren Entwicklung nehmen die Individuen teil, ohne jedoch das Ziel unmittelbar anzustreben: »So also sind die meisten Menschen nicht direkt und mit Absicht, aber indirekt und ohne es zu wissen und zu wollen, geschichtliche Arbeiter, und zwar so, daß sie, ihre Zwecke verfolgend, der Geschichte als Mittel dienen, die geschichtlichen Zwecke zu erfüllen.« (387; vgl. 342) So hätten die Europäer Kalifornien aus Goldgier besiedelt und nicht mit der Absicht, die Ostküste Amerikas zu kultivieren. Was Droysen hier zur »Arbeit« in der Geschichte ausführt, entspricht ziemlich genau den Formulierungen Hegels, der damit ja bereits ein Denkmotiv der Aufklärung aufgenommen hatte. Es belegt, dass Droysen zwar von einem intentionalistischen Handlungsmodell ausgeht, aber dieses im Gesamtzusammenhang der Geschichte entscheidend relativiert.

Die Geschichte als gleichzeitig erfahrbaren Lebenszusammenhang betrachtet, unterstellt Droysen »sittliche Mächte« oder »Gemeinsamkeiten«, modern formuliert kulturelle Institutionen, die gegenüber den Individuen eine gewisse Selbständigkeit besitzen und sogar eine Eigendynamik entfalten. Ähnlich wie Hegel in seinen Figuren des objektiven und absoluten Geistes unterscheidet Droysen die »natürlichen Gemeinsamkeiten« wie Familie und Volk (291 ff.); die »idealen Gemeinsamkeiten« wie Sprache, Kunst, Bildung, Wissenschaft und Religion (313 ff.); und die »praktischen Gemeinsamkeiten« wie Wirtschaft, Recht und Staat (336). Dieser dritten sittlichen Macht schreibt Droysen eine »Mittelstellung« zu: zum einen, weil auf diesem Feld der Interessen die eigentlichen geschichtlichen Kämpfe ausgetragen werden; und zum anderen, weil von diesem Feld die vorwärts treibenden Bewegungen der Geschichte ausgehen (337).

Das gilt für den Bereich der Politik, aber vor allem auch für Handel und Industrie. Droysen übernimmt Hegels Theorie der bürgerlichen Gesellschaft und erwähnt darüber hinaus die moderne »Fabrikation« bis hin zu globalem Handel und internationaler Arbeitsteilung, ja sogar zur »Weltökonomie«, die er implizit als kulturelle Erscheinungen anerkennt. (342 ff.) Unter dem Titel »Kultur« wird diese Sphäre später bei Burckhardt zum Thema gemacht; Droysen steht hier zwischen Hegel und Burckhardt. Er sollte daher weder von der konservativen historistischen Tradition vereinnahmt noch für einen angeblichen Konservatismus kritisiert werden. (Schuppe, 11 ff.)

3. Hermeneutik und historisches Verstehen (Dilthey)

Im Unterschied zu Droysen verzichtet Wilhelm Dilthey (1833-1911) auf eine materiale Geschichtsphilosophie und konzentriert sich ganz auf die Methodologie der Historiographie. Dabei radikalisiert er die erkenntnistheoretische Perspektive zu einer »Kritik der historischen Vernunft«, wie ein Titel in Analogie zu Kants *Kritik der reinen Vernunft* ursprünglich einmal lautete. Dilthey wendet sich noch konsequenter als Droysen dem Subjekt der Geschichtserkenntnis zu. Doch bleibt es nicht bei einer bloßen Anwendung der kantischen Vernunftkritik auf den Gegenstand Geschichte. Die Vernunft hat nun nicht nur die Geschichte zum Thema, sondern reflektiert sich selber als Produkt einer historischen Entwicklung; sie wird selbstkritisch zur historischen Vernunft. Das gilt für die Geschichtlichkeit des Menschen überhaupt: »Der Mensch erkennt sich nur in der Geschichte« (Dilthey, 348). Mit Kant und über Kant hinaus erweist sich die Geschichte als Horizont allen menschlichen Seins und als Medium für dessen Selbstverständigung. (Schnädelbach, 113 ff.; Angehrn, 150 f.)

Das so entfaltete historische Bewusstsein richtet sich zum einen gegen die alte Metaphysik, die sich auf zeitlose Vernunftwahrheiten beschränkt habe, wie Dilthey in seiner *Einleitung in die Geisteswissenschaften* von 1883 ausführt. Zum anderen grenzt es sich gegen die modernen Naturwissenschaften ab, denen ebenfalls ein unhistorisches Verfahren unterstellt wird.

Indem Dilthey einen strikten Gegensatz zu den Naturwissenschaften behauptet, gilt er als Ahnvater der modernen Geisteswissenschaften, die man heute besser Humanwissenschaften (human sciences) oder Kulturwissenschaften nennt. Und indem er deren Methode noch stärker an die Hermeneutik bindet, ja sogar das »Verstehen« zum methodischen Zentrum erklärt, übt er einen paradigmatischen Einfluss aus. Über die speziellen geschichtsphilosophischen Einsichten hinaus besteht darin seine eigentliche Aktualität.

Wie der Vergleich mit Droysen zeigen kann, sind nicht alle Erkenntnisse Diltheys originell, wie vielfach behauptet wird, sondern Zusammenfassungen und Präzisierungen des vorausgegangenen Historismus. In immer neuen Entwürfen hat Dilthey seine Theorie entwickelt, zuletzt 1910 unter dem Titel *Der Auf-*

bau der geschichtlichen Welt in den Geisteswissenschaften, der unserer Darstellung zu Grunde liegt. Wirklich neu ist darin die Synthese von historischem Bewusstsein und lebensweltlicher Erfahrung, von Geschichtstheorie und Lebensphilosophie. Während Nietzsche einen polemischen Gegensatz von Historie und Leben konstruiert, gelingt es Dilthey, die zentrale Kategorie des Erlebnisses in das geschichtsphilosophische Denken zu integrieren.

Lebensäußerungen und Kultursysteme

Im Unterschied zu den Naturwissenschaften, in denen nach allgemeingültigen Gesetzmäßigkeiten geforscht wird, zielt das historische Denken auf das »Einmalige, Singulare, Individuelle« (99). Doch stellt sich das Problem, wie trotz Individualisierung der Anspruch auf theoretische Verallgemeinerungen und damit überhaupt auf wissenschaftliche Erkenntnis erfüllt werden kann. Bereits Droysen hatte im Anschluss an Hegels objektiven Geist derartige »sittliche Gemeinsamkeiten« beschrieben und im Individuellen das so bestimmte Typische gesucht. An diese Entwürfe knüpft Dilthey an, wenn er die »Objektivationen des Lebens« (177) zu analysieren versucht. Damit sind zum einen Materialisierungen von Ideen gemeint wie z.B. Sprache, Schrift, Bildnisse, Werkzeuge, Bauwerke usw., also gegenständliche und dauerhafte Fixierungen, die so zum Gegenstand symbolisch vermittelter Deutungen werden können. Zum anderen werden darunter die Resultate intersubjektiver Gemeinsamkeiten gefasst, die sich etwa in den sozialen Lebensbezügen des Rechts, der Politik usw. manifestieren.

Bereits das einzelne Individuum bildet in seinem Leben eine verallgemeinerbare Einheit. So sind die Ereignisse »im Zeitverlauf aufeinander bezogen; jedes derselben hat so seine Stelle in einem Verlauf, dessen Glieder in der Erinnerung miteinander verbunden sind« (168). Exemplarisch für diese nachträgliche Selbstreflexion, in der sich das Subjekt seiner historischen Gewordenheit und damit seiner sowohl individuellen als auch überindividuellen Allgemeinheit bewusst wird, ist für Dilthey die Autobiographie.

Als Grundbegriff der Geistes- und Geschichtswissenschaft betrachtet Dilthey hingegen den »Wirkungszusammenhang« (191 ff.). Darunter versteht er den Strukturzusammenhang der tatsächlichen Lebensbezüge. »Die einfachsten homogensten Wirkungszusammenhänge, die eine Kulturleistung realisieren, sind Erziehung, Wirtschaftsleben, Recht, politische Funktionen, Religionen, Geselligkeit, Kunst, Philosophie, Wissenschaft.« (204) Diese Zusammenhänge werden daher auch als »Kultursysteme« bezeichnet (203 ff.). Ihre Grundlage bilden die Zwecke und Werte, d.h. die Intentionen menschlicher Handlungen. (187, 250) In diesem Sinne sind Kultursysteme letztlich »Zwecksysteme« (94, 96). Dilthey nennt dies explizit »den immanent-teleologischen Charakter der geistigen Wirkzusammenhänge« (187), dem eine «Teleologie des Auffassungszusammenhangs» entspricht (146).

Freilich bleiben die weiteren Ausführungen, da sozialphilosophisch unterbestimmt, merkwürdig abstrakt. Durch die Engführung auf eine ungebrochene Teleologie werden die Eigendynamik sozialer Systeme, die Realität gesellschaftlicher Konflikte und die Kontingenz historischer Verläufe systematisch ausgeblendet. Weil eine materiale Geschichtsphilosophie fehlt, fällt Dilthey in dieser Hinsicht hinter Hegels und Droysens Historiographie der Institutionen zurück.

Erleben und Verstehen

Diltheys unbestrittenes Verdienst ist indessen die *Hermeneutik*, die er selbst definiert als Wissenschaft vom »kunstmäßigen Verstehen dauernd fixierter Lebensäußerungen« (267; vgl. Jung, 7). Neuartig ist der dreifache Zusammenhang von »Leben, Ausdruck und Verstehen« (99). Die beiden Pole Ausdruck und Verstehen fanden sich ja bereits bei Droysen, dem zufolge ein historisches Dokument verstanden wird, indem man es als Veräußerung von Intentionen rekonstruiert. Dilthey fügt nun das Moment »Leben« hinzu, wodurch die Geistes- und Geschichtswissenschaften eine lebensphilosophische Wendung erhalten. Gemeint ist die so genannte Lebenswelt, die sich nicht auf Denken beschränkt, sondern ausdrücklich das Fühlen, Wollen und Handeln mit einschließt. Lebensäußerungen werden nicht nur rational erkannt, sondern eben auch emotional und pragmatisch bewertet.

Der Begriff Leben wird häufig durch »Erlebnis« ersetzt. Das bedeutet hier so viel wie Selbstreflexion: den »Rückgang des Menschen [...] in das Leben, in dem allein Bedeutung, Wert und Zweck auftritt« (93). Das Erlebnis gilt als letzte Begründung, d.h. transzendentaler Ausgangspunkt historischer Erkenntnis. (90) Es umfasst sowohl das Erlebte als auch den subjektiven Erlebnisvorgang. So kann beispielsweise ein Fest als Erlebnis bezeichnet werden, das zugleich von jemandem als solches erlebt wird. Auf diese Weise soll der alte Dualismus von Erkenntnissubjekt und äußerem Objekt überwunden werden.

Obwohl Dilthey zu psychologistischen Missverständnissen Anlass gegeben hat, sind mit dem Erlebnisbegriff nicht allein innere Erfahrungen gemeint. Denn die Erlebnisse sollen ja keineswegs direkt verstanden werden. Für den Umweg über die Lebensäußerungen bürgt die Mittelstellung des »Ausdrucks«, der zwischen Erlebnis und Verstehen vermitteln soll: »Nur was der Geist geschaffen hat, versteht er.« (180)

Der Begriff des Erlebnisses präzisiert den geschichtsphilosophischen Kontext, an den der Verweis auf Vico erinnert. Demnach versteht der Mensch die geschichtlich gewordenen Objektivationen, weil er sie als Veräußerungen des menschlichen Lebens nachträglich ›durchleben‹ oder ›nacherleben‹ kann. Die historischen Objekte erscheinen zunächst äußerlich und fremd, werden dann aber als ursprünglich eigene Leistungen erkannt. Die Besonderheit der Geschichte besteht also darin, dass deren Betrachter Teil ihres eigenen Untersuchungsgegenstandes sind; sie stehen in diesem Sinne ›näher‹ zu ihrem Objekt als etwa zur äußeren Natur.

Letztlich läuft das historische Verstehen auf die Selbsterkenntnis des Menschen hinaus. Damit unterstellt Dilthey allerdings, dass die Objektivationen restlos auf Zwecksetzungen rückführbar sind und keine ›Entfremdungen‹ dazwischenkommen – freilich eine Voraussetzung, welche der Kontingenzerfahrung in der modernen Geschichte nicht gerecht wird.

Wie bereits Droysen rechtfertigt Dilthey die methodische Unterscheidung zwischen Natur- und Geschichtswissenschaft mit dem Unterschied der Gegenstandbereiche Natur und Geschichte. Doch kaum ein Vertreter des Historismus hat die hermeneutische Methode des Verstehens programmatisch so zugespitzt wie Dilthey. Dies hat teilweise zur methodischen Klärung beigetragen, doch teilweise auch zu einer Opposition geführt, die heute als problematisch empfunden wird. Ansätze, die so gespaltenen Wissenskulturen zu überwinden, werden im Folgenden noch zur Sprache kommen. Auch diese Versuche können an Dilthey anknüpfen, der in Detailuntersuchungen den Gegensatz wieder zurücknimmt. (Thielen, 88 ff.) Auch die Ergebnisse der Naturwissenschaften können verstanden werden, wie umgekehrt die Geschichtswissenschaft erklärende Momente enthält.

4. Ethik und Geschichte (Troeltsch)

Mit dem Philosophen und Theologen Ernst Troeltsch (1865-1923) gelangen wir zum Abschluss des ›klassischen‹ Historismus – zu dessen Vollendung und Überwindung zugleich.

Auf der einen Seite vollendet Troeltsch den Historismus, indem er die Historisierung aller Lebensbereiche vertieft. Die »Durchdringung aller Winkel der geistigen Welt mit vergleichendem und entwicklungsgeschichtlich beziehendem Denken« hält er für eine unumkehrbare Errungenschaft, die alle »ewigen Vernunftwahrheiten und rationalen Konstruktionen von Staat, Recht, Gesellschaft, Religion und Sittlichkeit« erschüttert. (2002, 437 f.) Doch während Droysen und Dilthey die konstitutive Rolle historischer Erkenntnis betonten, fügt Troeltsch im Anschluss an den Soziologen Max Weber (1864-1920) den Aspekt des *Werturteils* hinzu. Nach dem Ersten Weltkrieg steht dahinter die Erfahrung einer Relativierung der Werte und eines damit verbundenen Orientierungsverlustes, der mittels historischen Bewusstseins kompensiert werden soll. Dieser Gedanke wird in dem umfangreichen, jedoch unvollendeten Hauptwerk *Der Historismus und seine Probleme* (1922) entfaltet.

Auf der anderen Seite überwindet Troeltsch den Historismus, indem er dessen »Krise« diagnostiziert und zur Lösung der so entstandenen »Probleme« weiter reichende Lösungen vorschlägt. Er ist sich darüber im Klaren, dass der Relativismus der Werte nicht zuletzt durch das historische Bewusstsein selber verursacht worden ist und durch dieses allein nicht überwunden werden kann. Zur Rettung aus dieser ›Dialektik‹

schlägt Troeltsch eine Synthese mit der philosophischen *Ethik* vor, von der er eine grundlegende Wertorientierung erwartet. Mit dieser Verbindung gewinnt die Geschichtsphilosophie ihren Kontext der praktischen Philosophie zurück, aus dem sie ja in der Aufklärungsepoche ursprünglich hervorgegangen war.

Gegen den Positivismus der Geschichtswissenschaften, welche das Vergangene verabsolutiert haben, wird die pragmatische Orientierungsfunktion für die gegenwärtig lebenden Menschen zur Geltung gebracht. Außerdem wird damit, wie schon bei Droysen, die materiale Geschichtsphilosophie wieder aufgewertet und in den Zusammenhang der Kulturwissenschaften gestellt. Aus diesen Gründen verdient die von Troeltsch rehabilitierte Philosophie der Geschichte aktuelles Interesse.

Krise des Historismus

Das Problem des Historismus ist sein Erfolg. Anfang des 20. Jahrhunderts hatten sich die Geschichtswissenschaften institutionalisieren und ihre Standards der Quellenkritik und Interpretationsverfahren ausarbeiten können. Diese Professionalisierung wird von Troeltsch durchaus als »Triumph der Wissenschaft« anerkannt. (2002, 442) Doch das Problem der reinen »Seminarhistorie« sieht er darin, dass die Ergebnisse nur Fachleute interessieren und die Öffentlichkeit kaum erreichen. Beschränke man sich auf Detailforschungen, werde die »eigentliche Aufgabe der Historie, an die Synthese großer Entwicklungszusammenhänge heranzugehen«, vernachlässigt. Nur »Dilettanten« wie Nietzsche, so der polemische Seitenhieb, wagten sich an eine derartige Aufgabe heran. Die entscheidende Herausforderung besteht also darin, die solide Spezialforschung mit der Deutung allgemeiner Tendenzen zu verbinden. (1977, 4 ff.) Typisch für

Troeltsch ist diese Gratwanderung zwischen historischer Empirie und philosophischer Spekulation.

Besondere Schwierigkeiten ergeben sich dabei aus der historischen Methode. Während die Naturwissenschaften allgemeine Kausalprinzipien zu Grunde legen können, sind die Allgemeinheiten der Geschichte nicht exakt, sondern nur »intuitiv und verstehend als Sinneinheiten« erfassbar. Aber selbst diese Unterscheidung zwischen Natur- und Geisteswissenschaften, die seit Dilthey zum Kanon gehört, ist im Übergang zum 20. Jahrhundert brüchig geworden.

Troeltsch diagnostiziert sehr genau die industriellen, technischen und sozialen Umwälzungen und deren wissenschaftliche Reflexionen in der modernen Ökonomie und Soziologie bis hin zur marxistischen Gesellschaftstheorie. (2002, 445 f.) Und er differenziert hier erstaunlich nüchtern zwischen einem historischen Materialismus, den er aus seiner theologisch-idealistischen Sicht verwirft, und der soziologischen Lehre von Marx, die er hingegen für unabweisbar hält. Er wirft den Vertretern des Historismus sogar vor, die Einführung des soziologischen Elements versäumt zu haben. Wenn er dieses Versagen für »wesensnotwendig« hält, hat er insofern Recht, als die Kausalerklärungen der Ökonomie und Soziologie die historische Hermeneutik, die ja Intentionen voraussetzt, letztlich in Frage stellen.

Leider bleibt es bei dieser Kritik, ohne dass die Integration der Sozialwissenschaften in die Historiographie systematisch vorangetrieben würde. Nicht die kulturkritische Zeitdiagnose von Troeltsch, wohl aber die Durchführung wirkt eigentümlich konservativ, weil er in seiner inhaltlichen Darstellung, wie sich zeigen wird, der modernen Zivilisation weniger Bedeutung zumisst als Droysen 65 Jahre früher.

Individuelle Totalitäten und das Unbewusste in der Geschichte

Um das Programm einer wissenschaftlich fundierten historischen Orientierung zu verwirklichen, entwirft Troeltsch – ähnlich wie Droysen – eine »formale Geschichtslogik« und eine »materiale Geschichtsphilosophie«.

In der »formalen Geschichtslogik« versucht Troeltsch, das Problem der Vermittlung zwischen Historisch-Individuellem und Theoretisch-Allgemeinem auf der kategorialen Ebene zu lösen (1977, 27 ff.). Eine elementare Kategorie ist die »individuelle Totalität«, womit Kollektiv-Individualitäten wie Völker, Staaten, Klassen, Kulturzeitalter sowie Vorgangskomplexe wie Kriege, Revolutionen usw. gemeint sind. Darin enthalten sind nach Troeltsch die Begriffe der »Ursprünglichkeit und Einmaligkeit«, die nicht erklärt, sondern nur nachfühlend verstanden werden können. Werden überhaupt historische Allgemeinbegriffe gebildet, so liegt das Modell der »Vertretung« zu Grunde, das in der symbolischen Darstellung besteht. Weitere Begriffe sind das »Schöpferische« und die »Freiheit« der Einzelindividuen und die »Entwicklung« des historischen Ganzen (vgl. Graf).

Bemerkenswert an diesen Vermittlungsversuchen ist, dass Troeltsch auch Widersprüche und Brüche einräumt. So konstatiert er eine starke »Spannung« zwischen dem »Gemeingeiste und den Einzelgeistern« (44). Und den Gemeingeist charakterisiert er als etwas »Unbewußtes«, weil unsere Handlungen eine viel größere und ganz andere Bedeutung für das Ganze und die Dauer haben, als uns selbst bewusst ist; darin sieht er ein »Ueberschießen des Gehaltes über das aktuell Bewußte« (46 f.). Troeltsch überträgt erstmals den Begriff des Unbewussten aus der Psychologie auf die Historiographie, um das alte Problem historischer Kontingenz zu beschreiben.

Relativierung der Werte und Kultursynthese

Wesentlich für die Kategorie der individuellen Totalität ist ferner deren Bestimmung als »Wert- oder Sinneinheit«, die ebenfalls nicht als bewusste Zwecksetzung, sondern als unbewusster Bedeutungszusammenhang aufgefasst wird. Mit diesem normativen Aspekt leitet Troeltsch zu seiner »materialen Geschichtsphilosophie« über, die im Unterschied zu Droysen keine sozialen Institutionen mehr beschreibt, sondern allein in die Ethik mündet. (67 ff.; vgl. Graf) Die Geschichtsphilosophie soll eine »Mittelstellung« zwischen empirischer Historie und philosophischer Ethik einnehmen und damit die Vermittlung zwischen diesen Polen leisten. Damit knüpft Troeltsch an die traditionelle Geschichtsphilosophie an, indem er die ursprüngliche Frage nach »Sinn und Ziel der Menschheitsgeschichte« rehabilitiert, ohne jedoch in eine teleologische Konstruktion der Zweckverwirklichung im Stil der Aufklärung und des deutschen Idealismus zurückzufallen.

Der Begriff Teleologie meint jetzt vielmehr den elementaren Umstand, dass historische Ereignisse nicht nur von einem kontemplativen Standpunkt aus erkannt, sondern auch aus praktischer Perspektive bewertet werden, und dass es dazu eines Wertmaßstabes bedarf (111 ff.). Wie aber gewinnt man diesen Maßstab? Hier zeigt sich ein weiteres Problem des Historismus, das vor allem von Troeltsch erkannt und in aller Schärfe formuliert worden ist: das Problem, wie Maßstäbe an die Geschichte angelegt werden können, die doch selber aus der historischen Entwicklung stammen. Darin sieht Troeltsch die theoretisch tiefere und praktisch wirksamere Krise des Historismus. Demnach gibt es keinen alle Geschichte überwölbenden Wertehimmel. Es verbieten sich sowohl die Flucht zu kirchlichen Autoritäten als auch die Berufung auf das abstrakte

Naturrecht der Aufklärung oder auf eine zeitlose Rationalität im Anschluss an Kant.

Die Lösung dieses Grundproblems besteht nach Troeltsch vielmehr in der Verbindung von gegenwärtiger Orientierung und Bewertung der Vergangenheit: »[...] aus der Wertbeurteilung des Gewesenen die Gegenwart erneuern und doch zugleich jene Wertbeurteilung aus den Bedürfnissen und Horizonten der Gegenwart gewinnen« (118). Es handelt sich um eine doppelte und gegenläufige Bewegung, in der sich gegenwärtige und vergangene Wertmaßstäbe wechselseitig beeinflussen und anreichern. (164 ff.)

Zunächst entspringt die Bildung von Wertmaßstäben gegenüber historischen Ereignissen den eigenen Lebenszusammenhängen. Dann aber kehrt sich die Maßstabsbildung um: In der Betrachtung des Vergangenen lernen wir uns von fremden Standorten und mit fremden Augen sehen. Das Vergleichen eigener mit fremden Zuständen führt zu neuen Einsichten, ja sogar zu praktischer Kritik am Gewohnten und Selbstverständlichen.

Diese Einsichten haben weit reichende Konsequenzen. Weder sind die Wertmaßstäbe der Gegenwart verzichtbar, noch dürfen diese Maßstäbe auf die Vergangenheit unmittelbar übertragen werden. Entscheidend ist also die Vermittlung, die Troeltsch sachlich als »Kultursynthese« und methodisch als »Zirkel« beschreibt:

»Eine Epoche verstehen heißt sie an ihrem eigenen, wenn auch noch so komplizierten Wesen und Ideal messen. Ist dies nun aber den fremden Totalitäten gegenüber das in erster Linie geforderte Verhalten, so bleibt es natürlich in zweiter Linie die Aufgabe, diesen fremden Geist mit dem des eigenen Zustandes zu vergleichen und so auch an ihm zu messen. [...] Dann aber beurteilen wir in Wahrheit die fremde Welt nicht nur an ihrem eigenen, sondern auch an unserem Maßstabe, und aus diesen beiden verschiedenen Bewegungsrichtungen ergibt sich zuletzt eine neue und eigene Bewegung.« (172)

Freilich bleibt dieser Lösungsversuch noch relativ begrenzt und abstrakt. Inhaltlich beschränkt sich die Kultursynthese auf den »Europäismus«, d.h. auf den europäischen Kulturkreis einschließlich Nordamerika und Russland, weil angeblich nur in diesen Räumen Sinnzusammenhänge erkennbar und praktische Eingriffe möglich seien. Gegen die traditionelle Geschichtsphilosophie wird damit die Perspektive einer »Universalgeschichte« ausdrücklich vermieden. (179 ff., 694 ff.)

Die praktische Absicht wird jedoch etwas konkreter, wenn Troeltsch die Geschichte zum möglichen Ort einer aktiven Wertstiftung erklärt. Zwar bemüht er das organische Modell vom Aufstieg und Untergang der Kulturen, da er der Auffassung ist, die gegenwärtige Zivilisation ende in einer »Ueberkultur«, die sich zersetze und auflöse. (174) Aber daraus folgt kein Pessimismus oder Fatalismus. Vielmehr leitet Troeltsch daraus die praktische Verpflichtung ab, aus der zweiten Art Geschichtsbetrachtung vom gegenwärtigen Standpunkt eigene Maßstäbe für die praktische Bewältigung drängender Gegenwarts- und Zukunftsprobleme zu gewinnen.

5. Geschichte und Erzählung (Ricœur)

Erinnern wir uns noch einmal an die Ursprünge des Historismus, so zielte die Ausgangsfrage auf die Möglichkeitsbedingungen historischer Erkenntnis. Schon Droysen hatte dabei zwischen *Forschung* und *Darstellung* unterschieden. Allerdings interessierte er sich vorwiegend für die Forschungsmethoden, während er die historische Erzählung nachordnete; durch sie sollte nur gestaltet werden, was vorher bereits erkannt worden war. Doch mit dem *linguistic turn* der Philosophie des 20. Jahrhunderts verschiebt sich der Schwerpunkt der Geschichtstheorie auf die

Formen der Darstellung. Das betrifft vor allem die *Erzählung*, welche nun als konstitutiv für die Geschichtserkenntnis angesehen wird. Dadurch erhält die Vorstellung von Geschichte eine narrative Struktur.

Paul Ricœur (1913-2005) rückt dieses Thema ins Zentrum seines dreibändigen Werks *Zeit und Erzählung*, besonders des ersten Bandes *Zeit und historische Erzählung* (1983). Auf diese Weise verknüpft er die Geschichtsphilosophie mit der Erzähltheorie oder Narrationsforschung. Mit seiner eigenen Theorie historischer Erzählung beabsichtigt Ricœur zweierlei: erstens will er zeigen, dass sich Erklären und Erzählen keineswegs ausschließen, und zweitens will er zeigen, dass sich Zeiterfahrung und Erzählung wechselseitig bedingen.

Narrative Erklärung

Mit der Wende zur Erzählung kritisiert Ricœur den Versuch, historische Ereignisse nach dem Modell der Naturkausalität zu erklären. Wie wir sahen, wurde das »Erklären« vor allem von Dilthey abgelehnt mit dem Hinweis, das Individuelle und Besondere der Geschichte entziehe sich einer gesetzmäßigen Verallgemeinerung. Im Zuge der analytischen Philosophie des 20. Jahrhunderts ist dieses Modell jedoch wieder aktiviert worden. (vgl. Acham)

So hatte Carl G. Hempel (1905-1997) in seinem Aufsatz *Über die Funktion allgemeiner Gesetze in der Geschichte* (1942) versucht, historische Ereignisse mit Hilfe der naturwissenschaftlichen Methode zu erklären. Und Georg Henrik von Wright (1916-2003) hatte in *Erklären und Verstehen* (1971) die Geschichtstheorie mit einer Theorie menschlicher Handlungen verbunden, die er nach dem Modell zweckrationaler Tätigkeit auffasste. Ricœur beklagt in derartigen Positionen ein »Schwinden der Erzählform« (I, 167).

Den Übergang zur Erzähltheorie würdigt Ricœur (I, 215 ff.) hingegen bei Arthur C. Danto (geb. 1924). Dessen *Analytische Philosophie der Geschichte* (1965) war insofern ungewöhnlich, weil er damit keine Gesetzesaussagen analysieren wollte, sondern ausschließlich »erzählende Sätze«, denen er gleichwohl eine erklärende Funktion zuschrieb. Wie Ricœur referiert, verbindet Danto die historischen Ereignisse nicht durch einen Kausalnexus, sondern verleiht ihnen »historische Signifikanz« (I, 269; Danto, 232 ff.; vgl. Schiffer 23 ff.) durch ihre Stelle innerhalb der Reihenfolge erzählter Ereignisse. Wenn eine Erzählung dem Schema »Anfang, Mitte, Ende« folgt, ist für die Deutung eines mittleren Ereignisses entscheidend, dass es nur vom Ende der Erzählung her verständlich wird. Wenn ein Historiker beispielsweise schreibt: »Die Französische Revolution begann im Jahre 1789«, gewinnt dieser Satz erst aus der rückblickenden Betrachtung seinen Sinn. Die Beteiligten konnten sich über die Tragweite und Bedeutung ihres Handelns nicht im Klaren sein; der Begriff »Französische Revolution« erschließt sich erst aus der Kenntnis der abgeschlossenen Entwicklung.

Ricœur erkennt in der analytischen Theorie der Erzählung eine wichtige Grundlage für die gesuchte Synthese von Erklären und Erzählen, die er »narrativistische Argumente« nennt (I, 214). Seiner Auffassung nach können Erzählungen etwas erklären, wie umgekehrt auch Erklärungen eine narrative Struktur haben. Indem eine Erzählung das Vorher und Nachher, die Folge einer Handlung aus einer vorhergehenden Handlung, die Motive und Umstände der Handlungen zu einer sinnvollen Einheit komponiert, werden historische Ereignisse nicht nur beschrieben, sondern auch »erklärt« (I, 268). Hatte Dilthey den Gegensatz zwischen »Erklären« und »Verstehen« zugespitzt, um dann nachträglich nach Überbrückungen zu suchen, so geht es bei Danto um das Verstehen von Erzählungen. Gleichwohl geht für Ricœur dieser Ansatz nicht weit genug, weil er sich auf einzelne Sätze beschränke und die Fabel von Geschichten unberücksichtigt lasse.

Erzählte Geschichte

Im Unterschied zu Danto legt Ricœur seiner Erzähltheorie die *Komposition einer Fabel* zu Grunde. Wie schon Droysen bezeichnet er diese Art Fiktion als »mimesis« (I, 104), um den literarisch-künstlerischen Aspekt zu betonen. Zur Deutung gehört daher nicht nur die Reihenfolge der Ereignisse, die aus rückblickender Perspektive betrachtet werden. Es bedarf vielmehr einer bestimmten inhaltlichen Figuration. Diesen Aspekt der »Fabelkomposition« entlehnt Ricœur von White (I, 242 ff.), dessen Erzähltheorie im folgenden Abschnitt zur Sprache kommen wird. Um das Beispiel der Französischen Revolution fortzusetzen: Diese Ereignisfolge kann etwa als Aufbruch in die Moderne, als Untergang einer alten Kultur, als Beginn des Terrors, als Vorgeschichte sozialistischer Revolutionen usw. erzählt werden. Auch in diesem Fall erschließt sich die Bedeutung eines Ereignisses erst vom »Endpunkt«, der zugleich den »Abschluss« einer Geschichte bildet. (I, 108 f.)

Die originelle Leistung von Ricœur besteht darin, dass er die Fabelkomposition in einen größeren Zusammenhang stellt, den er mit Hilfe der Hermeneutik anreichert. Damit eine Fabel überhaupt von einem Leser oder Hörer verstanden werden kann, so argumentiert er, bedarf es auf der einen Seite eines bestimmten Vorverständnisses und auf der anderen Seite einer aktiven Verarbeitung und Rückführung auf die eigene Zeit- und Lebenserfahrung. Die in der Mitte angesiedelte *Konfiguration* der Fabel heißt »mimesis II«, deren Voraussetzungen und Konsequenzen nach beiden Seiten hin untersucht werden.

Die vorausgesetzte *Präfiguration* der »mimesis I« besteht in der Welt der Handelnden. Der Leser einer Erzählung muss mit den Strukturmerkmalen einer Handlung, die Zwecke und Mittel enthält, aus praktischer Erfahrung vertraut sein. (I, 90 f.) Die abschließende *Refiguration* der »mimesis III« folgt dem hermeneutischen Grundsatz, dass die Bedeutung einer Erzählung nicht nur vom schreibenden Autor, sondern auch vom verstehenden Leser konstruiert wird. Hier geht es um die »Schnittstelle« zwischen der Welt des Textes und der Welt des Lesers oder Hörers. Die Erzählung erlangt erst ihren vollen Sinn, wenn sie in die Erfahrung des Lesers überführt wird. (I, 114)

Ricœur versteht seine Theorie der dreistufigen »mimesis« als allgemeine Theorie der Erzählung. Er wendet sie sowohl auf den Bereich der Geschichte als auch auf die schöne Literatur an. Das lässt den Rückschluss zu, dass nicht nur literarische Texte in einer narrativen Fiktion bestehen, sondern eben auch Texte der Geschichtsschreibung. Die Geschichte wäre nur ein besonderer Fall fiktiver Erzählungen. Die Grenzen zwischen literarischer Fiktion und historischer Wahrheit, die von der Aufklärung bis zum Historismus galten, werden fließend. Ricœur ist sich dieser Gefahr durchaus bewusst, was daran zu erkennen ist, dass er den Referenten wirklicher Ereignisse nicht vollständig aufgibt. Aber mit dem Begriff »Quasi-Fabel«, der eine bloße Analogie zwischen Literatur und Geschichtsschreibung andeuten soll, weicht er dieser Problematik letzlich aus. (I, 298, 344) Bei White, dem Ricœur viele Anregungen verdankt, droht die Grenzziehung von Fiktion und Geschichte indessen zu verwischen.

6. Literarische Formen der Geschichtsschreibung (White)

Ricœur und Hayden White (geb. 1928) haben ihre Theorien wechselseitig rezipiert und kommentiert. Wie sich Ricœur von White inspirieren ließ, so würdigt White Ricœurs Untersuchungen zum Verhältnis von Erzählung und Zeitlichkeit. (1990, 175 ff.) Er ist sich mit ihm darin einig, dass die Zeit der Geschichte nur narrativ erschlossen werden könne. Ja er behauptet sogar eine Einigkeit, mit der er Ricœur für seine Position vereinnahmt. Wichtig sei nicht mehr, so White, ob Historiker realen Ereignisfolgen, die ebenso gut auch nicht narrativ darstellbar wären, eine »narrative Form« auferlegen, sondern ob historische Ereignisse dieselbe Struktur besitzen wie narrative Diskurse (1990, 177 f.; vgl. Stückrath/Zbinden). Mit dieser Analogie ebnet White den Unterschied zwischen Historiographie und Erzählung ein.

In seinem Hauptwerk *Metahistory* (1973) bezieht sich White zunächst auf die Geschichtsphilosophie der Aufklärung, der er einen naiven »Realismus« vorwirft. (1991, 66 f.) In diesem Sinn deutet White auch die Geschichtsphilosophie Hegels für seine Zwecke um (1991, 111 ff.). Wie bereits erwähnt, hatte Hegel die Geschichtsschreibung zwar als poetische Kunst anerkannt, aber zugleich Inhalt und Form der Geschichtsschreibung für prosaisch erklärt, die lediglich »der Kunst teilhaftig zu werden« vermag. (Werke 15, 256 f.) White zieht daraus die geradezu widerstreitende Schlussfolgerung: »Tatsächlich historisiert Hegel nicht nur die Poesie und das Drama, er poetisiert und dramatisiert auch die Historiographie.« (1991, 120; vgl. 1990, 23 ff.; vgl. Zill) Während Hegel das Trennende zwischen Poesie und Historiographie betont, hebt White das Verbindende hervor.

Indem White die literarische Erzählung für konstitutiv erklärt, trennt er die Historiographie von der historischen Forschung ab und behandelt nur noch die »Bedeutung der Form«

der Darstellung. (1990, 9) Die historischen Fakten bilden nur noch den »Grundstoff«, der nach literarischen Mustern kombiniert wird. White zufolge unterscheiden sich Erzählungen von Historikern, spekulativen Geschichtsphilosophen und Romanschreibern nur noch graduell. (vgl. 1990, 12 ff.; 1991, 12 f.) Vermeintlich realistische Historiker waren demnach immer schon Geschichtsphilosophen, wie Geschichtsphilosophen immer schon Fabelerzähler waren.

Annalen, Chronik und Fabel

Wie konstitutiv die literarische Form einer *Erzählung* ist, demonstriert White an elementaren Formen der Geschichtsschreibung, die allein die zeitliche Ordnung zu Grunde legen. An dieser Stelle geht er einen entscheidenden Schritt über Danto hinaus, in dessen Erzähltheorie die historischen Ereignisse nur durch ihre Stellung im Vor- und Nacheinander bedeutsam wurden. White hält hingegen mit Berufung auf Hegel einen eigenen Inhalt, ein Thema oder eine Fabel der Erzählung für unerlässlich.

Die erste »naive« Form der historischen Darstellung bilden die mittelalterlichen *Annalen*. (1990, 17) Sie verfügen allein über das Schema der aufeinander folgenden Jahre, denen jeweils bestimmte Ereignisse zugeordnet werden. Das belegen beispielsweise die Annalen von St. Gallen (1990, 17 f.):

»709 Harter Winter. Herzog Gottfried gestorben.
 710 Schweres Jahr und schlechte Ernten.
 711
 712 Überschwemmungen überall.«

White stellt fest: Diese Art Geschichtsschreibung besitzt kein zentrales Thema, keinen eindeutigen Anfang, Mittelteil und Schluss;

ebenso wenig einen identifizierbaren Erzähler. In diesem Text findet sich keinerlei Hinweis auf irgendeine Verknüpfung zwischen den einzelnen Ereignissen. Die einzige Kohärenz besteht in den in der linken Textspalte aufgeführten Jahresangaben mit den rechts eingetragenen Ereignissen, die ihren Sinn allein durch die Aufnahme in ein derartiges Verzeichnis erhalten.

Eine »höhere« Form der Geschichtsschreibung ist die *Chronik* (1990, 28; vgl. 1991, 19 ff.), die bereits einen größeren Umfang und einen gemeinsamen Themenbereich enthält: die Chronik einer Stadt oder Region, einer großen Unternehmung wie etwa eines Kreuzzuges oder eines Krieges. Doch ist die Chronik, wie wir in der Einleitung gesehen haben, noch der zeitlichen Folge verhaftet. Grundsätzlich hat sie keine Eröffnungsphase, weil sie einfach beginnt, sobald der Bericht anfängt; und sie hat streng genommen ein offenes Ende. So fehlt der Chronik die Geschlossenheit einer Erzählung.

Von diesen Vorformen hebt sich nach White die eigentliche *Historie* ab. (1990, 34) Im Unterschied zur Chronik bildet die Geschichtserzählung eine sinnvolle Ganzheit mit einer geschlossenen Zeitstruktur von Anfang, Mitte und Schluss. Das verdankt sich einer »Fabel«, die in die Erzählung eingefügt worden ist und ihr einen moralischen Sinn verleiht. Wie bei Danto und Ricœur erfüllt die Fabelkomposition auch eine Erklärungsfunktion, indem begründet wird, warum ein bestimmtes historisches Ereignis eingetreten ist.

Literatur und Geschichte

In Anlehnung an die Literaturwissenschaft benennt White vier elementare Formen der Geschichtsschreibung: Romanze, Komödie, Tragödie und Satire. (1991, 21 ff.; 1986, 92 ff.) Sie stehen zugleich für Grundtypen menschlichen Handelns.

In der epischen *Romanze* bekämpft der Held das Böse und besiegt es. Das Licht triumphiert über die Finsternis, die Tugend über das Laster, die Freiheit über die Knechtschaft. In der Romanze rettet der Akteur eine ideale Welt. Vorbild dieser Art von Erzählung ist die *Geschichte der Französischen Revolution* (1952) von Jules Michelet, in der das französische Volk die Rolle des romantischen Helden spielt. (1991, 22, 179 ff.)

In der *Komödie* gibt es keinen absoluten Sieg von Gut und Böse, nur Hoffnung auf Ruhe und Frieden, wenn der Kampf in Versöhnung endet. So schließt die Komödie mit einer halbherzigen Verbesserung der Welt. Rankes Bild der Geschichte der europäischen Staaten von 1824 ist nach der Komödie erzählt. (1991, 23, 214 ff.)

Die *Tragödie* führt hingegen zum unvermeidlichen Untergang des Helden. Doch im Unterschied zur Satire herrscht keine totale Aussichtslosigkeit. Dank der dargestellten Schrecken gewinnt der Leser Einsicht in die harte Wirklichkeit, um ihr in Zukunft klüger begegnen zu können. Ein Beispiel dafür sieht White in Alexis de Tocquevilles düsterem Kommentar (1861) zur Französischen Revolution. (1991, 23, 251 ff.)

Die *Satire* ist das Gegenstück zur Romanze. Sie enttäuscht die von der parodierten Romanze ausgelöste Erwartung. Der Held scheitert an den widrigen Verhältnissen und vermag die reale Welt nicht zu bessern. Das Böse wird nicht besiegt, und der Mensch bleibt in der sinnlosen Endlichkeit befangen. Das Werk von Burckhardt dient als Beispiel für eine solche Erzählung, in der keinerlei Entwicklung zu erkennen ist. (1991, 23 f., 302 ff.)

Das organisierende Prinzip dieser literarischen Formen sieht White in vier Tropen, die er aus der traditionellen Poetik entlehnt: Metapher, Metonymie, Synekdoche und Ironie (1991, 11 f., 50 ff.). Letztlich wird das historische Material nach diesen poetischen Figuren modelliert. Den tieferen Grund sieht White in der menschlichen Sprache, womit er den *linguistic turn* auf literaturtheoretische Weise bestätigt.

Das Problem dieser Geschichtsphilosophie liegt im anfangs thematisierten Verhältnis von Historiographie und literarischer Fiktion. Radikalisiert man die Diskurstheorie, löst sich die Bedeutung eines Textes von ihrer Referenz auf eine ›Wirklichkeit‹. Die Vorstellung, dass historische Fakten erzählend wiedergegeben werden, verwirft White als »Fiktion der Darstellung des Faktischen« (1986, 145 ff.). Die Geschichtserzählung erscheint wie ein autonomes Gebilde, das durch keine realen Kontexte eingeschränkt wird. Begrenzt ist allein das Repertoire linguistischer Strategien.

Gegen White ist einzuwenden, dass mit der ausschließlichen Konzentration auf Fragen der literarischen Form die *Verweisung* eines historischen Textes auf historische Ereignisse außerhalb von Texten verdrängt wird. (Lorenz, 177 ff.) Ohne Zweifel ist es legitim, die verborgenen literarischen Formen in der Geschichtsschreibung aufzudecken. Doch schießt dieser Ansatz über das Ziel hinaus, wenn er gleichzeitig den Anspruch auf eine ›wahre‹ oder ›objektive‹ Erzählung preisgibt. Einspruch erhoben haben vor allem Historiker, die über die Opfer von Völkermorden geforscht haben. Es sind Kriterien zu nennen, nach denen die Erzählung den historischen Quellen zumindest nicht widersprechen darf.

So ist es nicht verwunderlich, dass White in einer späteren Verteidigung seiner *Metahistory* die Behauptung, historische und fiktionale Darstellung seien grundsätzlich ununterscheidbar, revidiert. (vgl. 1986, 101 ff.) Nicht bezweifelt werden soll, dass Ereignisse der Vergangenheit wirklich passiert sein können; es geht vielmehr darum, dass die Informationen darüber erst im strikten Sinn historisch werden, wenn sie im diskursiven Kontext der Historiographie eine bestimmte Interpretation erfahren. Damit nimmt White seine anfängliche Realismuskritik im Grunde wieder zurück.

Wegen der Verabsolutierung des literarischen Textes kann man White zur so genannten Postmoderne zählen, mit der auch das Posthistoire zusammenhängt. Doch bildet seine Erzähltheorie den Abschluss dieses Kapitels über den Historismus, weil sie dessen methodologische Grundidee fortschreibt und radikalisiert. Mit dem folgenden Posthistoire kommen wieder stärker die ›Realien‹ der Geschichte zur Geltung. Darin besteht eine gewisse Nähe zur Geschichtsphilosophie – allerdings unter veränderten Implikationen.

Drittes Kapitel
Kritik und Posthistoire: Ende der Geschichte?

Kritik und Posthistoire gehören insofern zusammen, als das *Posthistoire* aus einer radikalisierten Kritik an der Geschichtsphilosophie und am Historismus hervorgegangen ist. Damit wendet sich dieser Denktyp gegen jede materiale Theorie der Geschichte und sogar gegen die Vorstellung von Geschichte überhaupt. Das französische Wort »posthistoire« heißt dann auch, wörtlich übersetzt, Nachgeschichte; es soll sich auf denjenigen Zustand beziehen, der ›nach‹ der Geschichte folgt. Posthistoire bedeutet daher auch ›Ende der Geschichte‹.

Mit dieser These wird natürlich nicht behauptet, in Zukunft würde nichts mehr passieren – eine ziemlich absurde Vorstellung angesichts niemals endender Ereignisse. Vielmehr bezieht sich das ›Ende‹ auf die Erwartungen, welche Aufklärung und Moderne an die Zukunft gerichtet haben, wie Wohlstand, Emanzipation, Gerechtigkeit usw. Darin wurde ja der praktische ›Sinn‹ von Geschichte gesehen, wie umgekehrt eine so interpretierte Geschichte zur Orientierung in der Lebenspraxis beitrug. Im Zuge des ausgehenden 19. Jahrhunderts und vor allem im 20. Jahrhundert ist ein solcher Sinn der Geschichte tendenziell verloren gegangen. Auf diese Weise folgt auf den beklagten Sinnverlust ein Verlust an Geschichte.

Thematisch verwandt ist das Posthistoire mit der *Postmoderne*, dem Sammelbegriff für eine ebenso radikale Kritik an der europäischen Aufklärung und Moderne. Sie signalisiert eine Absage an das Projekt der Vernunft sowie an die Überzeugung, es gebe autonome Subjekte oder gar ein fortschreitendes Gattungssubjekt. Weil die Aufklärung in der Idee des historischen Fortschritts geradezu kulminierte, ist es nicht verwunderlich, dass die Kritik an Aufklärung und Moderne vor allem auf die Geschichtsphilosophie zielt. Sie gilt als Inbegriff ideologischer Verblendung und illusionärer Zukunftserwartung. So steht das Posthistoire für das postmoderne Geschichtsdenken.

Kritik der Geschichtsphilosophie

Nun ist die Kritik an der Geschichtsphilosophie so alt wie diese selbst. Kaum hatte sie sich etabliert, war sie bereits einer prinzipiellen Kritik ausgesetzt. Bereits Rousseau deutete den Fortschritt in eine Verfallsgeschichte um. Auch Hegel schloss sich der Kritik an der bürgerlichen Gesellschaft an, worin bereits Ansätze einer Theorie vom ›Ende der Geschichte‹ enthalten waren. Nicht zuletzt Marx folgte Rousseau in entscheidenden Punkten, indem er die negativen sozialen Folgen des Kapitalismus beschrieb und deren Gründe untersuchte. Doch im Unterschied zu Rousseau hielt er es für möglich, dass der technische Fortschritt unter veränderten ökonomischen und politischen Bedingungen zur Verbesserung der Lebensverhältnisse beiträgt. An dieser Hoffnung auf ein gewandeltes Fortschreiten hielten sogar die Vertreter des Historismus fest.

In der *Kritischen Theorie* von Walter Benjamin, Max Horkheimer und Theodor W. Adorno wird die Kritik an der modernen Zivilisation noch einmal übersteigert. Denn vor dem Hintergrund der Erfahrungen mit den Katastrophen des 20. Jahrhunderts, des Zweiten Weltkrieges, des Holocaust und der Atombombe, scheint der Ausweg eines alternativen Gebrauchs von Technik und Ökonomie endgültig versperrt zu sein. Das legt den Schluss nahe, dass die Wurzeln des Untergangs tiefer zu suchen sind: in einer sich selbst zerstörenden Vernunft, die zum Verhängnis wird. Hier sehe ich eine Traditionslinie von Rousseau bis zur Kritischen Theorie. Freilich bleibt diese Variante in einer negativen Teleologie und damit in der Geschichtsphilosophie befangen.

Kritik des Historismus

Das *Posthistoire* versteht sich hingegen nicht als umgekehrte Fortschrittsgeschichte, sondern als kritische Ablösung vom neuzeitlichen Geschichtsdenken schlechthin. Erste Ansätze dazu finden sich im letzten Drittel des 19. Jahrhunderts bei Jacob Burckhardt und Friedrich Nietzsche – und zwar mit einer doppelten Stoßrichtung: nur noch kursorisch gegen eine bereits verblasste Geschichtsphilosophie und mit größerer Schärfe gegen den damals aktuellen Historismus. Obwohl beide Kritiken häufig ineinander übergehen, sollen sie im Folgenden deutlich unterschieden werden. In dieser Differenzierung sehe ich einen nachträglichen Vorteil meiner Typologie.

Diese Kritiken werden im Posthistoire des 20. Jahrhunderts weiter radikalisiert, wobei die Problemlagen und Motive sehr unterschiedlich sind. (vgl. Niethammer) In Deutschland drückte der Soziologe Arnold Gehlen (1904-1976) nach dem Zweiten Weltkrieg seine Enttäuschung vom Faschismus aus, indem er sich von der modernen Zivilisation und Massengesellschaft gelangweilt abwandte und ihr eine geschichtsphilosophisch begründete Zukunftserwartung absprach. In Frankreich fühlten sich Michel Foucault und Jean-François Lyotard – ähnlich wie die Autoren der *Kritischen Theorie* – unmittelbar vom Marxismus enttäuscht, nachdem die Studentenbewegung als gescheitert empfunden wurde. Schließlich sah der Nordamerikaner Francis

Fukuyama (geb. 1952) nach dem Fall der Berliner Mauer im Untergang des staatlichen Sozialismus den Anlass für seine – explizit an Hegel anschließende – optimistische These, nach dem »Ende der Geschichte« habe die von Ideologie befreite wissenschaftlich-technische Evolution begonnen.

Unabhängig von dieser recht unübersichtlichen Situation lässt sich gleichwohl ein gemeinsamer Denktyp beschreiben: Im *Posthistoire* löst sich Geschichte in Brüche, Fragmente und Serien auf. Oder: An die Stelle des historischen Kontinuums tritt das Ungeschichtliche, inhaltlich als anthropologische Konstanten oder ewige Wiederkehr des Gleichen, methodisch als strukturelle Querschnitte durch die Geschichte. Vergangenheit, Gegenwart und Zukunft bilden keinen sinnvollen Zusammenhang mehr, der eine Fortsetzung der Geschichte im emphatischen Sinn erwartbar und wünschenswert erscheinen ließe.

Geschichte nach dem Posthistoire

Nachdem die Schichten des Historischen nacheinander abgetragen sind, stellt sich die Frage, was nun von der alten Geschichtsphilosophie übrig geblieben ist. Jetzt lässt sich nur noch von »Schwundstufen« (Marquard 1973a, 23 ff.; vgl. Nagl-Docekal 1996, 7 ff.) oder von »verbliebene[n] Funktionen« (Lübbe 1993) sprechen. Das mögliche Resümee soll hier nur angedeutet werden und bleibt dem Schlusskapitel vorbehalten.

Zweifellos ist das Bewusstsein für die historische Methode erweitert und differenziert worden. Dahinter steht ein Wandel der Geschichtswissenschaften seit der Mitte des 20. Jahrhunderts. Zuerst entstand die französische *Annales-Schule*, die sich auf regional und zeitlich begrenzte Studien zur Geschichte einzelner Gesellschaften konzentrierte. Dem folgte die *Micro-History* in Amerika und die *Alltagsgeschichte* in Deutschland, die sich in Abgrenzung gegen eine an Strukturen und Funktionen orientierte Sozialgeschichte etablierte.

Von philosophischer Seite kam der *linguistic turn* hinzu, der das Interesse auf die Form der *Darstellung* lenkte. Im Zuge von Diskursanalyse und Erzähltheorie ging es vor allem um Präsentationsformen historischer Erinnerung. Weil die Methodenreflexion in der Tradition des Historismus steht, ist sie im zweiten Kapitel mit entsprechenden Querverweisen zum Posthistoire behandelt worden. Aber jetzt interessieren mehr die inhaltlichen Konsequenzen; damit kommt die materiale Philosophie der Geschichte wieder zum Zuge – freilich in negativer Gestalt der Kulturkritik.

Natürlich birgt das Posthistoire die Gefahr eines Orientierungsverlustes. Doch kann man es auch als Chance für eine alternative Sicht auf die Geschichte begreifen. Obwohl die Zivilisationskritik häufig ins Maßlose übertrieben wirkt und der Entwicklung moderner Gesellschaften nicht gerecht wird, sind einzelne Kritiken durchaus ernst zu nehmen. Das gilt für die nicht zu übersehenden Tendenzen zur Technisierung und Kommerzialisierung unserer Lebenswelt. Und das gilt für Ausgrenzungen, Unterwerfungen und Entfremdungserfahrungen in der modernen Zivilisation. Will man diese kritischen Potenziale aufnehmen, stellt sich die Aufgabe, die nicht realisierten Möglichkeiten der bisherigen und gegenwärtigen Geschichte freizulegen. Geschichte bildet dann kein lineares Kontinuum mehr, sondern ist nach Maßgabe der Gegenwartsprobleme immer neu zu konstruieren.

Die Rede vom ›Ende der Geschichte‹ bedeutet keineswegs ein Ende der Philosophie der Geschichte. Denn wer behauptet, die Geschichte der Moderne sei im gegenwärtigen Stadium für immer zum Stillstand gekommen, wagt eine universalhistorische Prophezeiung und legt sich endzeitgeschichtlich fest. Auch die radikale Kritik an der Geschichtsphilosophie bleibt derselben immer noch verhaftet, solange über die Geschichte im Ganzen geurteilt wird. Darin besteht die ›dialektische‹ Verstrickung, in der sich jede verallgemeinernde Aussage über die Geschichte verfängt.

1. Kultur und Krise (Burckhardt)

Jacob Burckhardt (1818-1897) gehört zu den frühen Denkern des Posthistoire, auch wenn er diesen Begriff noch nicht verwendet. In diesem Fall lohnt sich ein Blick auf die Biographie, weil sie ein bezeichnendes Licht auf die Grundstimmung seiner Theorie wirft. Burckhardt wurde in Basel geboren und verbrachte dort fast sein ganzes Leben. Aus Vorträgen für die Baseler Bürgerschaft in den Jahren 1868 bis 1870 sind seine *Weltgeschichtlichen Betrachtungen* (unter diesem Titel 1905 von Jacob Oeri herausgegeben) hervorgegangen. Darin entsteht der Eindruck, als habe er von einem distanzierten Standpunkt die damalige Weltentwicklung, besonders die Kriege und Revolutionen in Mitteleuropa, mit großer Skepsis betrachtet. (vgl. Schnädelbach, 48 f.; Angehrn, 131 f.)

In der Tat hielt Burckhardt die Französische Revolution für einen Kontinuitätsbruch, der den Verfall der abendländischen Kultur einleitete. Er missbilligte den aufkeimenden Nationalismus, der im deutsch-französischen Krieg zur Katastrophe geführt hatte. Und er kritisierte die moderne Zivilisation und den mit ihr verbundenen Fortschrittsoptimismus. In der technischen und ökonomischen Rationalisierung argwöhnte er den Untergang traditioneller Werte. Letztlich schien der beschleunigte soziale Wandel auf einen Verlust des Historischen hinauszulaufen; die moderne Barbarei bestehe in der »Geschichtslosigkeit« (358). Den Zweck seines kompensatorischen Bemühens sah Burckhardt darin, in bewegten Zeiten aus der Betrachtung der Geschichte Maßstäbe zur Orientierung zu gewinnen.

Die alteuropäisch-konservative Einstellung ist typisch für Burckhardt; er bewegt sich damit jenseits der Geschichtsphilosophie und des Historismus. In dieser doppelten Abgrenzung, verbunden mit einer tief verwurzelten Zivilisationskritik, liegt eine gewisse Nähe zur Philosophie der ›Nachgeschichte‹ im 20. Jahrhundert. Aktuell geblieben ist Burckhardts kulturtheoretische Alternative, die eher mit Strukturanalysen operiert.

Historische Kultur

Seine Kritik an der Aufklärung bis Hegel ist eindeutig: »[...] wir geben vor allem keine Geschichtsphilosophie« (354; vgl. Kittsteiner 2004, 80 ff.). Diese suche nach einem optimistischen »Weltplan« der historischen Entwicklung, dessen Endziel den Menschen jedoch verschlossen bleibe. (355) Auch die so genannten Anfänge der Geschichte seien meist bloße »Konstruktionen« (356).

Wegen dieser Einwände vermeidet Burckhardt überhaupt den Kollektivsingular Geschichte und setzt an dessen Stelle das »Studium des Geschichtlichen« (354, 364), um lediglich ein thematisches Feld mit vielfältigen Deutungsmöglichkeiten zu umschreiben. Parallel dazu verabschiedet er den Begriff der Weltgeschichte und spricht vom »Weltgeschichtlichen« (361). Die *Weltgeschichtlichen Betrachtungen* markieren jetzt nur noch eine subjektive Perspektive der Untersuchung. Auf diese Weise umgeht Burckhardt eine Teleologie der Geschichte und hält sich gleichzeitig eine Reflexion über das Geschichtliche im Ganzen offen.

Ambivalent fällt indessen die Kritik am Historismus aus. (vgl. Boehm) Zwar plädiert Burckhardt ausdrücklich für eine historische Kultur, widersetzt sich aber einer Radikalisierung des Geschichtlichen: »*Unser* Ausgangspunkt ist der vom einzigen bleibenden und für uns möglichen Zentrum, vom duldenden, strebenden und handelnden Menschen, wie er ist und immer war und sein wird.« (356) Den Anspruch der Geschichtswissenschaft relativiert er durch die Anthropologie. An die Stelle eines absoluten Geschichtsbegriffs setzt er etwas Unhistorisches.

Der Skepsis gegenüber der Geschichtsphilosophie und dem Historismus entspricht das methodologische Selbstverständnis. Burckhardt versichert, statt Gelehrsamkeit nur »Winke« zum Studium des Geschichtlichen geben zu wollen: »Wir verzichten ferner auf alles Systematische« (354, vgl. 409). Immer wieder beteuert er, nur einen zufälligen Gedankengang zu äußern, sich zu mäßigen und zu beschränken; ja er bezeichnet sich sogar als einen »Dilettanten« (368). Die *Weltgeschichtlichen Betrachtungen* sollen im Übrigen nur reine Erkenntnis und bloße Kontemplation vermitteln. (359) Derartige Gesten der Bescheidenheit wiederholen sich so oft, dass darin geradezu eine Attitüde gesehen werden kann.

Strukturanalyse historischer Faktoren

Freilich sollte man sich von Burckhardts programmatischen Äußerungen nicht täuschen lassen. Demgegenüber wird sich zeigen, dass er durchaus systematische Ambitionen hat. In der materialen Darstellung entwirft er eine Theorie von »Staat, Religion und Kultur und ihrem gegenseitigen Verhältnisse« (371 ff.). Indem er die Wechselbeziehungen dieser »drei Potenzen« untersucht, entstehen formal »sechs Bedingtheiten« (409 ff.), d.h. sechs mögliche Kombinationen von je zwei Potenzen in ihrem Bedingungsverhältnis:

1. Die Kultur in ihrer Bedingtheit durch den Staat,
2. Die Kultur in ihrer Bedingtheit durch die Religion,
3. Der Staat in seiner Bedingtheit durch die Religion,
4. Der Staat in seiner Bedingtheit durch die Kultur,
5. Die Religion in ihrer Bedingtheit durch den Staat,
6. Die Religion in ihrer Bedingtheit durch die Kultur.

Mit den drei Potenzen bezieht sich Burckhardt auf die Systematik seines Lehrers Droysen, folgt jedoch nicht der Einteilung in natürliche, ideale und praktische Mächte, sondern behandelt alle Bereiche als praktische Lebenszusammenhänge. So unterläuft er Droysens idealistische Sichtweise; er redet auch nicht mehr in hegelscher Manier von »sittlichen Mächten«, sondern führt die sozialen Institutionen auf realistische Handlungsmotive zurück. Im Unterschied zu Droysen trennt Burckhardt ferner die Gebiete Staat und Kultur, indem er unter Kultur jetzt Sprache, Wissenschaft, Technik, Handel fasst, und wertet die gesellschaftliche Sphäre indirekt auf, die er auch nicht mehr durch staatliche Maßnahmen für steuerbar hält. Darin ist er ›moderner‹ als Droysen.

Den *Staat* lässt Burckhardt allein aus Gewalt und Macht hervorgehen. (373) Ohne dass die Akteure ein Wissen von ihren historischen Wirkungen haben können, handeln sie nur aus egoistischen Absichten. Der Staat ist nicht etwa aus einer Ausgleichung individueller Egoismen hervorgegangen, so dass er nun das sittlich Allgemeine verkörperte; vielmehr *ist* er nichts anderes als dieser Interessenausgleich (377). Aus dieser Überzeugung kritisiert Burckhardt alle Konstruktionen von einem angeblichen Ursprung des Staates, insbesondere die seiner Auffassung nach absurde Hypothese des Gesellschaftsvertrags. Fern von solchen Legitimationsversuchen beschreibt er ganz nüchtern die Funktion politischer Institutionen.

Auch die *Religion* wird von Burckhardt auf anthropologische Konstanten zurückgeführt: »Die Religionen sind der Ausdruck des ewigen und unzerstörbaren metaphysischen Bedürfnisses der Menschennatur.« (378) Entscheidend sei dabei das »Gefühl der Abhängigkeit von einem Gewaltigeren« oder das »Urgefühl des Bangens« 380). Zugleich betrachtet Burckhardt die Religionen als »Reflex« von Kulturepochen, die sich im Laufe der Zeit verändern. Während das Bedürfnis nach Religion konstant bleibt, wandeln sich die Religionen.

Die *Kultur* leitet Burckhardt sowohl aus materiellen als auch aus geistigen Bedürfnissen ab, wobei er die wechselseitigen Zusammenhänge betont. (393) Techniken wie Bergbau, Ackerbau, Schifffahrt usw. brächten einen »geistigen Überschuß« (ebd.) hervor, wie umgekehrt die Wissenschaften häufig aus praktischen Erfordernissen entstanden seien. Allerdings bezweifelt Burckhardt eine intellektuelle Entwicklung, weil sich mit fortschreitender Kultur das Bewusstsein des Individuums verenge. Die Zunahme des Ganzen korrespondiere nicht mit der Kapazität des Einzelnen: »die Kultur könnte leicht über ihre eigenen Beine stolpern« (398). Vor dem Hintergrund dieser Zivilisationskritik klingt ein zyklisches Geschichtsbild vom »Wachsen und Vergehen« der Kulturen an. (392) Wie schon Droysen, schreibt Burckhardt dabei der Kultur die historische Dynamik zu – nun allerdings mit einer destruktiven Komponente: Die Kultur »wirkt unaufhörlich modifizierend und zersetzend auf die beiden stabilen Lebenseinrichtungen [Staat und Religion] ein« (391).

Auf den ersten Blick erweckt das Schema der sechs Bedingungsverhältnisse von Staat, Religion und Kultur einen merkwürdig starren Eindruck. Doch verbergen sich dahinter konkrete Beobachtungen, die gerade keinem einheitlichen Erklärungsmuster folgen. Dies soll am Beispiel der wechselseitigen Beziehung zwischen Staat und Kultur erläutert werden.

Burckhardt zeigt, dass sich nicht nur diese Lebensbereiche historisch wandeln, sondern dass sich auch deren Verhältnis im Laufe der Geschichte verändert. In den früheren Stadien der Phönizier, Ägypter, Griechen und Römer stellte der Staat die Bedingung für die Herausbildung von Kultur dar. (435 ff.) Aber seit dem 18. Jahrhundert wird die fortschreitende Kultur zum selbständigen Faktor der historischen Bewegung und macht den Staat von sich abhängig. Zwar stimmt Burckhardt in dieser Phase mit der marxschen Analyse überein, aber im Unterschied zu Marx verallgemeinert er das moderne Abhängigkeitsverhältnis nicht zu einem weltgeschichtlichen Prinzip. So bietet Burckhardt – entgegen der Ankündigung – durchaus einen systematischen Entwurf, doch vermeidet er – wie angekündigt – eine universalistische Lehre.

Konstanz und Krise

Mit dieser Kombinatorik historischer Faktoren beabsichtigt Burckhardt, »Querdurchschnitte durch die Geschichte« (354) zu liefern. Während er der traditionellen Geschichtsphilosophie und wohl auch dem Historismus vorwirft, nur »chronologisch« zu verfahren (355), bevorzugt er die Synchronie der Geschichte. In einer solchen Strukturanalyse besteht die Originalität dieses Ansatzes.

Damit stellt sich jedoch das Problem des diachronen Kontinuums, von dem ebenfalls die Rede ist. (358) Seit Hegel ist die Dialektik von Kontinuität und Diskontinuität in der Geschichte zu einem Topos geworden. Burckhardt gibt diesem Verhältnis eine eigene Wendung, indem er die Kontinuität der Geschichte aus etwas Ungeschichtlichem hervorgehen lässt: »wir betrachten das *sich Wiederholende, Konstante, Typische*« (356; vgl. Große). Wie gezeigt, besteht dieses Konstante in einer Menschennatur, die sich im historischen Wandel gleich bleibt und dabei kontinuierliche Veränderungen erzeugt.

Doch das »Hauptphänomen« sieht Burckhardt in der Diskontinuität der Geschichte. Demnach arbeitet der Geist der Kultur untergründig an Umbrüchen, d.h. an Revolutionen oder Untergängen, denen die politischen und religiösen Institutionen nicht standzuhalten vermögen. (357 f.) Im Fragment über »Die geschichtlichen Krisen« kontrastiert er seine Analyse dauerhafter Einwirkungen mit der Betrachtung beschleunigter Prozesse, zu denen Völkerwanderungen, Aufstände und vor allem Kriege gehören. An Hegel und Marx erinnern Formulierungen über die ›Arbeit‹ des Geistes, der unterirdisch wühle und die Institutionen zum Einsturz bringe. (vgl. Schnädelbach, 58; Gil, 144; Kittsteiner 2004, 87) Aber im Unterschied zu Hegel und Marx fügen sich diese Krisen in keine historische Entwicklung, die eine höhere Stufe verheißen könnte. Auch die Einsicht, dass von Ökonomie, Technik und Wissenschaft die strukturellen Veränderungen in der Geschichte ausgehen, enthält überraschende Parallelen zum Zeitgenossen Marx. Die Rede ist jedoch nicht mehr von Revolutionen, die eine Verbesserung der Lebensumstände erwarten lassen, sondern von Krisen, deren glücklicher oder katastrophaler Ausgang offen bleibt. Folgt man Whites Erzähltheorie (1991, 302 ff.), parodiert Burckhardt die Romanzen der Aufklärung bis Marx und schreibt stattdessen eine von Enttäuschung geprägte Satire.

Burckhardts Theorie der Geschichte schwankt zwischen stabiler Konstanz und krisenhaftem Bruch, als ob er im anthropologisch Konstanten einen Halt gegen den Strudel des drohenden Untergangs suchte. Eine Vermittlung der beiden Extreme fehlt – vermutlich ist sie auch gar nicht beabsichtigt. Hier besteht tatsächlich eine Lücke im Systematischen, die wiederum System hat. Sie wendet sich gegen die Geschichtsphilosophie und gegen den Historismus, die beide – mit oder ohne Fortschritt – einen kontinuierlichen Fortgang der Geschichte zu Grunde gelegt haben.

2. Kritische Historie (Nietzsche)

Friedrich Nietzsche (1844-1900) hat Burckhardts Vorlesungen gehört, als er Professor in Basel war. Und als dieser seine frühe Schrift *Vom Nutzen und Nachteil der Historie für das Leben* (1874) gelesen hatte, kühlte sich die anfängliche Freundschaft ab. Denn darin kritisierte Nietzsche die historische Grundeinstellung des damaligen Zeitgeistes, zu dem eben auch Burckhardts Geschichtskultur gehörte.

Den »Nachteil« einer einseitigen Fixierung auf die Vergangenheit sieht Nietzsche darin, dass sie dem Leben der gegenwärtigen Menschen schade. Doch hat die Historie auch »Nutzen«, sofern sie sich in den Dienst des Lebens stellt. Damit vollzieht Nietzsche eine lebensphilosophische Wende in der Geschichtstheorie.

Hinter der pauschalen Polemik und glänzenden Rhetorik verbergen sich indessen unterschiedliche Positionen, die nicht immer klar gekennzeichnet werden. Vor dem Hintergrund unserer Typologie sollen daher die Ebenen der Kritik genauer bestimmt werden. Sind mit der Kritik am »historischen Sinn« jeweils Geschichtsphilosophie oder Historismus gemeint?

Ebenso ist Nietzsches eigene Geschichtsbetrachtung zu verdeutlichen. Wenn er sowohl die Geschichtsphilosophie als auch den Historismus ablehnt: Welche Alternative ist dann noch denkbar? Weil Nietzsche ein ambivalentes Verhältnis zur Geschichte hat, bedarf auch der Gegenentwurf einer Klärung. Es wäre ein Missverständnis zu glauben, Nietzsche verteidige das

Leben gegen die Historie; er sucht vielmehr nach einer neuen Verbindung und entwickelt so ein eigenständiges Geschichtsdenken, dem das spätere ›Posthistoire‹ wichtige Anregungen verdankt.

Kritik der Geschichtsteleologie

Vordergründig kritisiert Nietzsche die »Fortschritt-Phraseologien« und den historischen Optimismus seiner Epoche. (Werke 7, 658) Tiefer setzt hingegen die Kritik der Geschichtsphilosophie Hegels an. Nietzsche identifiziert die Idee einer Geschichte der »Menschheit« (Werke 1, 319) mit dem teleologisch strukturierten »Weltprozess« (312). Das vorausgesetzte »Ziel« führt er auf eine Verkehrung der Perspektive zurück; der Sinn des Daseins werde »*a posteriori*« gerechtfertigt, indem man den Zweck an den Anfang setze. (319) Letztlich entlarvt Nietzsche die Geschichtsteleologie als verkappte Theologie. (315 f., vgl. 305)

Zwar ist Nietzsches Kritik besonders schonungslos, aber nicht sonderlich originell. Skepsis gegenüber Universalgeschichte, Fortschrittsidee und Teleologie zählt inzwischen zum Gemeinplatz der Vertreter des Historismus von Ranke bis Droysen. Auch Burckhardt und Marx führen diese Argumente gegen Hegels Teleologie der Geschichte ins Feld.

Nietzsche und Marx sind sich wiederum darin einig, dass sie das Recht der Lebenspraxis reklamieren. Doch zeigt sich dabei ein wichtiger Unterschied: Von der Aufklärung bis Marx wird die Lebenspraxis gesellschaftlich konzipiert. Auch in Hegels »weltgeschichtlichen Individuen« wird die Denkfigur der individuellen Totalität mit gedacht. Bei Nietzsche hingegen werden die ›großen‹ Individuen aus ihren sozialen Zusammenhängen entlassen. Und während Marx seine Kritik an der herrschenden Geschichtsschreibung aus der Perspektive der Unterdrückten schreibt, nimmt Nietzsche den Standpunkt des überhobenen Mächtigen ein.

Leben gegen historische Bildung

Wenn Nietzsche die Kritik an der Geschichtsphilosophie mit dem Historismus teilt, ist zu fragen, was er denn diesem vorzuwerfen hat. Offenbar genau das Gegenteil: Hatte die teleologische Geschichtsphilosophie eine falsche Orientierung geboten, hinterlässt der Historismus eine ideologische Leerstelle, wenn er sich auf die Anhäufung reinen Wissens beschränkt. (vgl. Kittsteiner 1998, 141 f.) Nietzsche kritisiert die positivistische Variante, indem er den Anspruch der Historiker auf »Wahrheit«, »Wissenschaft« und »Objektivität« angreift. (271) Wird mit den Tatsachen »gerecht« im Sinne von »objektiv« verfahren, bleibt die historische Erkenntnis praktisch »folgenlos« (287).

Dieser Vorwurf richtet sich gegen eine »historische Bildung«, welche die Geschichte aus dem Lebenszusammenhang herauslöst und wie einen toten Stoff behandelt. (272 f.) Damit wendet er sich, wie erwähnt, gegen Burckhardt, obwohl dieser bereits zu den ersten Kritikern des Historismus gehörte. Burckhardt hat ja in der Geschichtslosigkeit eine Ursache der modernen Barbarei vermutet. Nietzsche hingegen hält die kontemplative Betrachtung für kein geeignetes Gegenmittel und fordert eine praktisch wirksame Bildung.

Gleichwohl ist nicht sofort einzusehen, warum eine angeblich nutzlose Historie dem handelnden Menschen sogar zum »Nachteil« gereichen soll. Nietzsche vertritt die weiter reichende These, dass »die Uebersättigung einer Zeit in Historie dem Leben feindlich und gefährlich« (279) sei. Wenn der historische Sinn »ungebändigt waltet«, untergräbt er das Lebendige und bringt es zu Fall. (295) Daher »leidet« die Gegenwart an den »Ausschweifungen des historischen Sinns« (323) oder an der »historischen Krankheit« (329). Warum ist Geschichte so ungesund?

Der Grund liegt für Nietzsche darin, dass zum Leben nicht nur das angemessene Erinnern gehört, sondern ebenso das Vergessen: »es ist aber ganz und gar unmöglich, ohne Vergessen überhaupt zu leben« (250). Wer zu sehr der Historie verhaftet bleibt, verliert die »plastische Kraft«, mit der er die Gegenwart zu formen vermag. Für die »Gesundheit« eines einzelnen Menschen oder einer Kultur ist daher neben dem Historischen auch das »Unhistorische« nötig. (252) Es bedarf einer »umhüllenden Atmosphäre« (323, vgl. 251), welche den historischen Horizont begrenzt, um das gegenwärtige Leben zu stabilisieren.

Kritische Historie

Doch sollte man die Polemik *gegen* die Historie nicht wörtlich nehmen. Genau genommen, ist von »Übersättigung«, von »Ausschweifungen« oder vom »Übermaß« die Rede – keineswegs vom völligen Verzicht auf Geschichte. Daher stellt sich Nietzsche die Aufgabe, die jeweilige »Grenze« zu bestimmen, bis zu welchem »Grad« die Auseinandersetzung mit Geschichte schädlich oder förderlich sein kann. (251) Ziel ist es, »Historie zum Zwecke des Lebens zu treiben« (257). Die Verwirklichung liegt nicht jenseits der Historie, sondern nur innerhalb des Historischen: »[...] die Historie muß das Problem der Historie selbst auflösen« (306), wie es in dialektischer Manier heißt.

An dieser Stelle setzt Nietzsches eigenes Geschichtsdenken ein. Es besteht in einer Typologie, welche drei Arten der Historie mit bestimmten Lebenspraxen und praktischen Charakteren wie auch mit historischen Epochen ins Verhältnis setzt. Alle Typen sollen dem Leben dienen, indem sie unterschiedliche Funktionen erfüllen, aber dabei nicht verabsolutiert werden dürfen (Schnädelbach, 82; Angehrn, 13 f.). Das Ideal liegt in einer Balance der verschiedenen Grundeinstellungen zur Geschichte. Ob die Historie dem Leben schadet oder nützt, hängt vom Interesse an der Geschichte und von der persönlichen Perspektive ab; es kommt auf den konkreten Kontext an.

»In dreierlei Hinsicht gehört die Historie dem Lebendigen: sie gehört ihm als dem Thätigen und Strebenden, ihm als dem Bewahrenden und Verehrenden, ihm als dem Leidenden und der Befreiung Bedürftigen. Dieser Dreiheit von Beziehungen entspricht eine Dreiheit von Arten der Historie: sofern es erlaubt ist eine *monumentalische*, eine *antiquarische* und eine *kritische* Art der Historie zu unterscheiden.« (258)

Der *Tätige*, der etwas Bedeutendes schaffen will, orientiert sich am Monumentalen; es dient ihm als Vorbild, Motiv und Trost, und es schützt vor Resignation. (258 ff.) Historisch spielt Nietzsche dabei auf die Historiker der Antike an, wie z.B. auf Herodot, der die Rolle der Athener in den Perserkriegen verherrlicht hatte, um die Griechen zu weiteren Heldentaten zu ermutigen. Wird dieser Typ jedoch einseitig betrieben, droht die Gefahr, dass sich die Gegenwärtigen zu Verwegenheit und Fanatismus verleiten lassen.

Der *Bewahrende* betrachtet die Geschichte aus antiquarischem Interesse; durch das Bemühen um historische Kontinuität wird er im Vergangenen heimisch, aus dem er das Gefühl der Sicherheit und Identität gewinnt. (264 ff.) In diesem Fall besteht die negative Kehrseite darin, dass die Pflege des von alters her Bestehenden das neue Leben erstickt. Das abschreckende Beispiel dafür ist der kritisierte Historismus des 19. Jahrhunderts.

Mit dem *Leidenden* identifiziert sich Nietzsche offenbar selbst, der die kritische Historie übrigens erst später hinzugefügt hat.

(vgl. 7, 676 u. 696) Hier besitzt der Historiker die Kraft, »eine Vergangenheit zu zerbrechen und aufzulösen, um leben zu können« (1, 269). Dies erreicht er nicht durch eine überzeitliche, objektive »Gerechtigkeit« gegenüber der Geschichte, sondern dadurch, dass er die Vergangenheit »vor Gericht zieht« und aus gegenwärtiger subjektiver Sicht verurteilt. Hier wiederum besteht die Gefahr darin, dass die Wurzeln der Tradition abgeschnitten und alle Pietäten übergangen werden.

Die kritische Geschichtsbetrachtung verweist auf einige Merkmale des späteren Posthistoire. Wie man Nietzsche als Einfallstor der Postmoderne bezeichnen kann, weil er die Ideale von Vernunft und Wissenschaft seit der Aufklärung bis zum Positivismus für obsolet erklärt, so gibt es auch Parallelen zum 20. Jahrhundert, in welchem nicht nur der Fortschrittsglaube, sondern die sinnbildenden Potenziale von Geschichte überhaupt in eine Krise geraten. (Lipperheide, 192 ff.)

Da Nietzsche sowohl die Geschichtsphilosophie als auch den Historismus kritisiert, zieht er jede historische Kontinuität in Zweifel. Stattdessen betont er die Brüche, Verwerfungen und Verletzungen in der Geschichte. Er stellt sich die Aufgabe, »Vergangenes und Fremdes umzubilden und einzuverleiben, Wunden auszuheilen, Verlorenes zu ersetzen, zerbrochene Formen aus sich nachzuformen« (251). Nachdem der naive Glaube an die Geschichte zerstört ist, kommt es darauf an, Geschichte wieder neu zusammenzusetzen. Ein derart ›dekonstruktives‹ Denkmotiv wird uns bei Benjamin, Foucault und Lyotard wieder begegnen.

3. Die rettende Kraft der Erinnerung (Benjamin)

Seit Burckhardt gehörte die doppelte Kritik an der Geschichtsphilosophie und am Historismus zum philosophischen Standard, auch wenn das Kritisierte zunehmend in die Ferne rückte. Nietzsche hatte diese Kritik radikalisiert, indem er die historische Bildung insgesamt verwarf, sofern sie nicht dem gegenwärtigen Leben diente.

An diese Kritik knüpft Walter Benjamin (1892-1940) mit seinen Thesen *Über den Begriff der Geschichte* (entstanden 1940, posthum veröffentlicht 1942) an, explizit mit einem Zitat von Nietzsche, welches das Motto der zwölften These bildet: »Wir brauchen Historie, aber wir brauchen sie anders, als sie der verwöhnte Müßiggänger im Garten des Wissens braucht.« (Schriften I.2, 700; vgl. Nietzsche Werke 1, 245) Auch Benjamin möchte die Geschichte an die Lebenspraxis binden. Doch beruft er sich dabei gleichzeitig auf Marx, den Protagonisten einer sozialen Bewegung, die Nietzsche nur verachtet hatte. Benjamin legt hier nachträglich eine verborgene Gemeinsamkeit zwischen Marx und Nietzsche offen.

Dabei geht Benjamin von einer völlig veränderten Situation aus. Auf der einen Seite hatte der Historismus seine frühere Bedeutung längst eingebüßt. Auf der anderen Seite war die Geschichtsphilosophie durch die Tradition des Marxismus wieder belebt worden. Doch deren Glaube an den Fortschritt ist für Benjamin zum Problem geworden. Dahinter stehen die Erfahrungen des Nationalsozialismus und des Zweiten Weltkriegs, dem die marxistisch orientierte Sozialdemokratie keinen hinreichenden Widerstand entgegenzusetzen vermochte. Das zentrale Problem ist also der »historische Materialismus« (I.2, 693 u. 695). Richteten sich Burckhardt und Nietzsche primär gegen den Historismus, treten jetzt wieder die Schwierigkeiten mit der Geschichtsphilosophie in den Vordergrund. In beiden Fällen geht es Benjamin um den Bruch mit historischer Kontinuität, die er als Unheil deutet.

Jenseits von Historismus und Geschichtsphilosophie

Von Marx und Nietzsche stammt der Gedanke, dass Historiographie nicht nur mit der Lebenspraxis zusammenhängt, sondern vor allem auch mit *Macht*. Ebenso wenig beschränkt sich Benjamin auf den Vorwurf, dass der Historismus nur vergangene Epochen »nacherleben« wolle. (696) Mit dieser Anspielung auf Dilthey vertritt er darüber hinaus die These, dass sich der Geschichtsschreiber des Historismus mit dem »Sieger« identifiziere: »Die jeweils Herrschenden sind aber die Erben aller, die je gesiegt haben. Die Einfühlung in den Sieger kommt demnach den jeweils Herrschenden allemal zugut.« (ebd.) Während sich Nietzsche auf die Seite des Mächtigen gestellt hatte, übernimmt Benjamin von Marx die Perspektive der Unterdrückten und Ausgeschlossenen. Aus kritischer Distanz betrachtet er die herrschende »Kultur«, die vom »Grauen« nicht zu trennen sei. Wenn Benjamin »die Geschichte gegen den Strich bürsten« (697) will, macht er sich ausdrücklich den Standpunkt des »historischen Materialismus« zu Eigen – mit dem Ziel einer rettenden Kritik.

Dazu dient die Kritik an der Sozialdemokratie, der Benjamin »sture[n] Fortschrittsglauben« (698) vorwirft. Mit Marx versucht er, den vulgärmarxistischen Materialismus zu überwinden. Dieser reduziere die Geschichte, so Benjamins Einwand, auf die »technische Entwicklung« und verwechsle die Errungenschaften der Fabrikarbeit mit Politik. Der so technokratisch verkürzte Fortschritt werde wie ein Strom vorgestellt, in dem die Arbeiterschaft nur mit zu schwimmen brauche, um von den ungetrübten Vorteilen zu profitieren. Demgegenüber weist Benjamin auf mögliche Widersprüche hin: Die »Fortschritte der Naturbeherrschung« bedeuten immer auch »Rückschritte der Gesellschaft« (699). Wie Rousseau und Marx meint er damit die negativen Folgen des wissenschaftlich-technischen Fortschritts wie wirtschaftliche Ausbeutung, politische Unterdrückung und militärische Zerstörung. Einen dogmatischen Fortschrittsbegriff, der auf einen universalen, homogenen, unabschließbaren und unaufhaltsamen Prozess hinausläuft (700 f.), lehnt Benjamin kategorisch ab.

Das Kontinuum aufbrechen

Wiederum stellt sich die Frage, welche Alternative jenseits von Historismus und Geschichtsphilosophie denkbar ist. Die Antwort lautet, dass die Geschichte gleichsam angehalten wird, um der Katastrophen zu gedenken. Benjamin veranschaulicht diesen zentralen Gedanken in einem religiösen Sinnbild:

»Der Engel der Geschichte muß so aussehen. Er hat das Antlitz der Vergangenheit zugewendet. Wo eine Kette von Begebenheiten vor *uns* erscheint, da sieht *er* eine einzige Katastrophe, die unablässig Trümmer auf Trümmer häuft und sie ihm vor die Füße schleudert. Er möchte wohl verweilen, die Toten wecken und das Zerschlagene zusammenfügen. Aber ein Sturm weht vom Paradiese her, der sich in seinen Flügeln verfangen hat und so stark ist, daß der Engel sie nicht schließen kann. Dieser Sturm treibt unaufhaltsam in die Zukunft, der er den Rücken zukehrt, während der Trümmerhaufen vor ihm zum Himmel wächst. Das, was wir Fortschritt nennen, ist *dieser* Sturm.« (697 f.)

Der Engel, der in der Bibel die Zukunft verkündet, wird von Benjamin in einen Propheten der Vergangenheit umgedeutet. Wie in Nietzsches »kritischer Historie« ist es der Leidende, dem der Rückblick dazu dienen soll, sich an die Verletzungen in der

Geschichte zu erinnern. Es gilt, das in diesem Sinn »Unabgegoltene« der Geschichte wachzurufen. Durch die rettende Kraft der Erinnerung sollen die Beschädigungen, Zertrümmerungen und Verluste möglichst wieder gutgemacht werden; das erlittene Schicksal soll partiell revidiert werden. Und wenn das nicht mehr möglich ist, sollen doch wenigstens die uneingelösten Ansprüche der Vergangenheit festgehalten werden. An dieser Stelle mündet Benjamins Geschichtsphilosophie in die Idee eines »Messias« (Erlösers) der jüdisch-theologischen Tradition.

Dieser Ausweg hat nicht zuletzt für den Begriff der Geschichte weit reichende Konsequenzen. Benjamin versucht, »das Kontinuum der Geschichte aufzusprengen« (701). Während die Vorstellung des Fortschritts die »homogene und leere Zeit« voraussetzt, geht es jetzt um eine Gegenwart, die nicht Übergang von der Vergangenheit in die Zukunft ist, sondern »in der die Zeit einsteht und zum Stillstand gekommen ist« (702, vgl. 703; vgl. Kramer, 103 ff.). Indem Benjamin die Geschichte von den tradierten Modellen der Zeit ablöst, erreicht er die Grenze des Geschichtlichen. Der Bruch mit der historischen Zeitstruktur führt in das Ungeschichtliche.

Freilich bleibt Benjamin noch in dieser Abkehr von der Geschichte der Fortschrittsidee treu, weil er nur eine bestimmte Negation für möglich hält. Demgegenüber ist auch die Lösung denkbar, die Geschichte zwar nicht als linearen Fortschritt, wohl aber als einen Entwicklungszusammenhang vorzustellen, innerhalb dessen durchaus Alternativen konzipierbar und besser realisierbar sind.

4. Kritik der Geschichtsphilosophie (Horkheimer und Adorno)

Wie Benjamin gehen auch Max Horkheimer (1895-1973) und Theodor W. Adorno (1903-1969) von einer Enttäuschung am Marxismus aus, der die Katastrophe des Nationalsozialismus und des Weltkriegs nicht zu verhindern vermochte. Wenn so gegensätzliche Systeme wie Kapitalismus und Sozialismus ins Unheil führen, scheint es keinen Ausweg mehr zu geben. Vor dem Hintergrund dieser Erfahrung radikalisieren sie die Zivilisationskritik und verlegen die Ursprünge des Untergangs der Menschheit in die Anfänge der menschlichen Vernunft. Diesen Umschlag von Selbstbehauptung in Selbstzerstörung begründen Horkheimer und Adorno in ihrer *Dialektik der Aufklärung* (1947), zu der auch der Entwurf *Zur Kritik der Geschichtsphilosophie* gehört (Horkheimer/Adorno, 253-256). Im Unterschied zu Benjamin brechen sie nicht mit dem verhängnisvollen Kontinuum, sondern verstärken die negative Teleologie.

Dialektik des Fortschritts

Die *Kritik* richtet sich in erster Linie gegen die klassische Geschichtsphilosophie, namentlich von Hegel, mit dem jetzt offenbar auch Marx und der Marxismus gemeint sind. Gegenüber der Selbstzerstörung der Menschheit »scheint es eine Art Schrulle zu sein, die Weltgeschichte, wie Hegel es getan hat, im Hinblick auf Kategorien wie Freiheit und Gerechtigkeit konstruieren zu wollen« (253).

Schon Marx hatte ja Hegel vorgeworfen, die Geschichte primär als Bewusstseinsprozess betrachtet zu haben; doch diese Kritik wird von Horkheimer und Adorno noch einmal überboten. Indem die Geschichtsphilosophie die »humanen Ideen als wirkende Mächte in die Geschichte selbst« (255) verlegt, werden diese Ideen, welche eigentlich eine kritische Funktion erfüllen sollen, in den Dienst der herrschenden Geschichte gestellt. Dadurch, so die Autoren, verkehrt sich nicht nur die Geschichte, sondern die Idee selbst in ihr Gegenteil; die Idee des Guten wird ihrer »Arglosigkeit« beraubt und selber schuldig: »So tragen Christentum, Idealismus und Materialismus, die an sich auch die Wahrheit enthalten, doch auch Schuld an den Schurkereien, die in ihrem Namen verübt worden sind.« (ebd.) Hatte Marx die Geschichtsphilosophie Hegels als »Deutsche Ideologie« zu entlarven versucht, wendet sich die Ideologiekritik jetzt gegen den Marxismus selbst.

Gleichwohl folgen Horkheimer und Adorno der marxistischen Geschichtsbetrachtung, indem sie von natürlichen, technischen und ökonomischen Faktoren ausgehen. Doch im Unterschied zur Aufklärung und zu Marx sehen sie darin keinerlei Potenziale des Fortschritts, sondern wie Rousseau die Ursachen einer Verfallsgeschichte. Indem die Menschen die äußere Natur bearbeiten und immer besser beherrschen, schlägt diese Herrschaft auf sie selber zurück; sie werden von ihrer eigenen Technik und Ökonomie beherrscht. (254) Infolge wirtschaftlicher und bürokratischer Zwänge verlieren die Individuen ihre innere Freiheit. Und in einer Welt des Nutzens und der Verwertung geht der Anspruch auf Wahrheit verloren. Durch die Entwicklung der Waffentechnik, besonders der Atombombe, wird am Ende die Existenz der ganzen Menschheit bedroht.

In seinem Hauptwerk *Negative Dialektik* behauptet Adorno, es führe keine Universalgeschichte »vom Wilden zur Humanität«, aber »sehr wohl eine von der Steinschleuder zur Megabombe« (Adorno, 314). Schon im einfachen Werkzeug ist die Selbstvernichtung angelegt. Das ursprüngliche Instrument der Macht wird Basis für die Ohnmacht der Menschen.

Wie Rousseau setzen Horkheimer und Adorno ihre Zivilisationskritik noch tiefer an. Wiederum ist es die Vernunft, die den Keim des Untergangs in sich trägt: »Heillos ist der Geist und alles Gute in seinem Ursprung und Dasein in dieses Grauen verstrickt. [...] so ist Denken in Wahrheit ein negatives Element« (Horkheimer/Adorno, 253 u. 256). Dabei spielt die Vernunft die Rolle eines »Anpassungsinstruments«, dessen »List« darin besteht, die Menschen zu Bestien zu machen und die Menschheit auszurotten. Dieser Begriff spielt auf Hegels »List der Vernunft« an, in der sich die Handlungszwecke der Individuen zu einem unbeabsichtigten Gesamtzweck fügen sollten. Doch während Hegels »List« die Funktion hatte, böse Absichten ins Gute zu wenden, verkehren sich jetzt die gut gemeinten Ziele ins Böse. Diente die Vernunft ursprünglich der Selbsterhaltung der Menschen, so verkehrt sie sich im Laufe ihrer Entwicklung in Selbstzerstörung. Bereits im Ursprung der so bestimmten ›instrumentellen Vernunft‹ ist das Verhängnis vorgezeichnet. Die Geschichte der fortschreitenden Unterdrückung und Beschädigung ist mit der Vernunft identisch.

Negative Geschichtsphilosophie?

Obwohl Horkheimer und Adorno eine »Kritik der Geschichtsphilosophie« beanspruchen, werden in der Durchführung wesentliche Merkmale fortgeschrieben: Nach wie vor handelt es sich um die Geschichte im Ganzen, sogar der Begriff der Weltgeschichte wird beibehalten. Deren Verlauf wird in einer linearen und unumkehrbaren Zeit vorgestellt. Wie Hegel konzipiert Adorno die Geschichte als eine »Einheit von Kontinuität und Diskontinuität« (Adorno, 314). Er behauptet sogar ein einheitliches Ziel der Geschichte – allerdings mit umgekehrtem Vorzeichen: Am Ende steht »teleologisch das absolute Leiden« (ebd.).

Aus diesen Gründen kann man von einer *negativen Teleologie* oder von einer *negativen Geschichtsphilosophie* sprechen (vgl. Geyer, 130; Bialas, 94).

Freilich gibt es auch Anzeichen einer Alternative, die jenseits des Instrumentellen angesiedelt ist. Das signalisieren Andeutungen wie: »Daher nimmt das echte Denken, das sich davon [vom Instrumentellen] ablöst, die Vernunft in ihrer reinen Gestalt, den Zug des Wahnsinns an.« (Horkheimer/Adorno, 254) An anderer Stelle ist die Rede von einem »besseren Gebrauch« von Wissenschaft und Technik, sogar von einem anderen Fortschrittsbegriff, der eine utopische Perspektive eröffnen soll (Nagl-Docekal 1996, 36 ff.).

Die *Kritik der Geschichtsphilosophie* von Horkheimer und Adorno nimmt eine eigentümliche Zwischenstellung ein; mit Hilfe einer modernen Denkfigur verabschiedet sie sich von der Moderne. Diese Unterscheidung ist deshalb wichtig, weil es im Umkreis der *Kritischen Theorie* noch andere geschichtsphilosophische Varianten gibt. Den Weg ins Posthistoire geht Günther Anders (1902-1992), der in seinem zweibändigen Hauptwerk *Die Antiquiertheit des Menschen* (1956 und 1980) das ›Ende‹ der Geschichte behauptet. Auch bei den französischen Vertretern des Posthistoire lassen sich zentrale Denkmotive der *Kritischen Theorie* wiederfinden.

5. Geschichte anders denken (Foucault)

Die Polemik von Michel Foucault (1926-1984) ist kaum zu überbieten, wenn er die Historie als »Parodie und Possenspiel«, als »Maskerade« und »Flitterwerk« bezeichnet. (1987, 85) Dahinter verbergen sich unterschiedliche Kritiken, die es genauer zu unterscheiden gilt. Zum einen vermischen sich die Kritik an der

Geschichtsphilosophie und die am Historismus. Zum anderen hat Foucaults Geschichtsdenken verschiedene Phasen durchlaufen, die wenigstens partiell und skizzenhaft zu berücksichtigen sind: von der »Archäologie« historischer Diskurse bis zur »Genealogie« von Machtverhältnissen. Foucault versteht sich weniger als Konstrukteur fertiger Theorien, sondern eher als theoretischer Experimentator.

Dahinter stehen divergierende sozialgeschichtliche und wissenschaftliche Erfahrungen. In der praktischen Politik spielen auch in diesem Fall Schwierigkeiten mit dem Marxismus eine Rolle. Anstelle von Marx orientiert sich Foucault an Nietzsche, auf dessen Machtanalyse der Begriff »Genealogie« verweist. Aus der Geschichtswissenschaft nimmt Foucault Anregungen der *Annales-Schule* auf, die in ihren regional und zeitlich begrenzten Studien das globale Kontinuum der Geschichte aufgebrochen und mit unterschiedlichen Zeitebenen operiert hatte. Und aus der Sprachwissenschaft stammt der *linguistic turn*, nach dem es zum Standard gehört, wissenschaftliche Gegenstände – in diesem Fall die Geschichte – als sprachlich und diskursiv verfasst anzusehen. All diese Strömungen laufen bei Foucault zusammen und verbinden sich zu einem nicht gerade einheitlichen Geschichtsbild.

Archäologie des historischen Wissens

Wie nun schon häufiger beobachtet, muss Hegel als Sündenbock für alle Verfehlungen der Geschichtsphilosophie herhalten. Foucault wiederholt die üblichen Einwände gegen diesen Denktyp, indem er die Geschichte als »große Einheit« und als »geschlossene Totalität« ablehnt. (1987, 79) An die Stelle der Weltgeschichte setzt er die Vielfalt der Materialien und die »Disparität« historischer Ereignisse. (1981, 39; 1987, 69, 73)

Daraus folgt für Foucault eine radikale Kritik an der Idee historischer Kontinuität; sie lasse sich in kein »lineares Schema« wie etwa die »Chronologie der Vernunft« pressen. Das gilt umso mehr für eine »Teleologie der Vernunft«, in der so etwas wie ein »Fortschritt des Bewußtseins« behauptet werde. (1981, 17, 33; 1987, 69, 79) Letztlich richtet sich diese Kritik gegen eine Ideengeschichte, die vom gegenwärtigen Standpunkt eines vermeintlich objektiven Wissens die bisherigen Erkenntnisse wie auf eine Perlenkette mit steigender Tendenz aufreiht.

Dagegen setzt Foucault sein Programm der »Diskontinuität«, das er in vielfältigen Metaphern umschreibt. Ihn interessieren vor allem die »Brüche« in der Geschichte, d.h. die Lücken und Schnitte in der Tradierung, die Punkte des Ausbleibens erwarteter Ereignisse, die Leerstellen und Absenzen in der Begründung. Das Ziel besteht nicht in einer linearen Verkettung der Ereignisse, sondern in der Suche nach »Zerstreuung«, Entzweiung und Verzweigung, nach »Gabelung der Alternative«. Anstelle einer angeblichen Notwendigkeit interessieren »Zufälle«, statt Zentren die »Ränder« der Geschichte. In Bildern der Geologie ausgedrückt: Die Schichten der Historie stapeln sich nicht ihrer zeitlichen Reihenfolge nach aufeinander, vielmehr entstehen »heterogene Schichten«, d.h. Verschiebungen und Spalten auf schwankendem Boden. (1981, 13, 20, 173, 218; 1987, 69, 74, 79 f.) Den zentralen Begriff, der von den *Annales* stammt, bildet die »Serie«. Darunter versteht Foucault partielle Sequenzen auf speziellen Gebieten wie die zeitlich begrenzte Geltung eines bestimmten Theorietyps in der Geschichte der Wissenschaften.

Wie Foucault die Zielorientierung der Geschichte zurückweist, so kritisiert er umgekehrt den *Ursprungsmythos* der traditionellen Geschichtsschreibung. Die Idee eines »Ursprungs« ist nur die Kehrseite der Geschichtsteleologie, indem das Ziel an den Anfang der Geschichte projiziert wird. Derartige Konstruktionen erfüllen die Funktion, historische Besitzstände zu sichern und sinnbildende Identitäten zu stiften. (1981, 33 f.; 1987, 71) Demgegenüber spricht Foucault im Anschluss an Nietzsche von »Erbschaft« oder schlicht von »Entstehung« und »Herkunft«. Damit meint er eine zurückliegende Abstammung, die keineswegs linear und teleologisch zu denken ist. So kann die politische Freiheit aus ihrem Gegenteil, der Unfreiheit, die wissenschaftliche Vernunft aus Unvernunft hervorgehen.

In *Wahnsinn und Gesellschaft* (1961) untersucht Foucault ausführlich, wie sich die Vernunft der Aufklärung und Moderne unter Ausschluss des so genannten Unvernünftigen durchgesetzt hat. Und in *Die Ordnung der Dinge* (1963) demonstriert er, wie er sich eine entsprechende Wissenschaftsgeschichte konkret vorstellt. Anstelle ideengeschichtlicher Linien rekonstruiert er Querschnitte durch einzelne Epochen mit gemeinsamen Strukturen des Wissens wie beispielsweise die »Analogie« während der Renaissance oder die »Repräsentation« während der Aufklärung. Derartige Paradigmen, wie man heute sagen würde, bestehen letztlich in »diskursiven Formationen«, worunter jeweils ein bestimmtes System von Gegenständen, Begriffen und argumentativen Strategien zu verstehen ist. Um dieses Geschichtsbild geht es schließlich in dem programmatischen Buch *Archäologie des Wissens* (1969), dessen Metaphorik ja die Aufgabe des Grabens nach längst verschütteten Kulturen versinnbildlicht.

Genealogie historischer Macht

Die Kritik am Historismus fällt nicht minder polemisch aus: »Jedermann weiß natürlich, daß der Historismus die schrecklichste Sache der Welt ist.« (1999, 199) Doch fragt es sich, wie die Kritik an der Geschichtsphilosophie noch gesteigert werden kann. Viele Einwände Foucaults stimmen mit dem Historismus überein, wie die Distanzierung von Weltgeschichte, Teleologie und Fortschritt. Und wenn Foucault dagegen die »einschneidende Einzigkeit« historischer Ereignisse reklamiert (1987, 80), liest sich dies wie ein Zitat von Dilthey. Generell umgibt sich Foucault mit der Aura des positivistischen Historikers, wenn er für sich »peinliche Genauigkeit des Wissens« und »mit erbitterter Konsequenz betriebene Gelehrsamkeit« beansprucht. (1987, 69; vgl. 1999, 17) Tatsächlich sind die eigenen Anwendungen der Methode sehr materialreich.

Doch dieser historistische Schein trügt. Das zeigt sich im später entwickelten Konzept der »Genealogie«, so etwa in dem programmatischen Text *Nietzsche, die Genealogie, die Historie* (1987, 69-90). Hier vollzieht Foucault auf dem Feld der Historie die Wende von der reinen Diskursanalyse zur Analyse von Machtverhältnissen. Vor diesem Hintergrund versteht sich die zitierte Polemik: der Historismus ist nach Foucault unlösbar mit der Praxis des Krieges verbunden (1999, 200); das historische Wissen erfüllt dabei eine Legitimierungsfunktion. Der Diskurs stellt nicht mehr nur ein System des Wissens dar, sondern erfüllt dabei zugleich praktische Funktionen zur Entstehung, Stabilisierung und Zerstörung von Macht. Die *Archäologie des Wissens* wird um die *Genealogie der Macht* erweitert.

Im Unterschied zu Marx versteht Foucault unter Macht nicht mehr primär ökonomische Verhältnisse, auf die sich dann die politische und ideologische Herrschaft aufzubauen hätte. Vielmehr versucht Foucault im Anschluss an Nietzsche eine Analyse der »Mikrophysik der Macht«. Die Macht manifestiert sich nicht allein in den großen Institutionen und Herrschaftssystemen, sondern ist subtil und subversiv; sie zirkuliert in allen sozialen Beziehungen und alltäglichen Mechanismen; und sie betrifft nicht zuletzt den menschlichen Leib. In *Überwachen und Strafen. Die Geburt des Gefängnisses* (1974) analysiert Foucault detailliert die physischen und psychischen Mechanismen der Disziplinierung von Menschen. Dieses Machtsystem gilt ihm als Symbol für den gesamten Prozess der Zivilisation. Die Untersuchung von psychiatrischer Anstalt und Gefängnis steht für eine radikale oder auch ›postmoderne‹ Zivilisationskritik, die erstaunliche Parallelen zur *Kritischen Theorie* aufweist.

Für die Methode der »Genealogie« folgt daraus, die Historie als Feld sozialer »Kämpfe« zu betrachten. In erster Linie interessieren das »Spiel der Kräfte« und die dabei zum Zuge kommenden Taktiken und Strategien. (1987, 69, 76 f.; 1999, 17) Aus dieser Perspektive gehört der historische Diskurs zu den »Ritualen der Macht«; er dient der »Rechtfertigung der Macht« und der »Verstärkung dieser Macht« in der Realität (1999, 77). Nach Foucault trägt der Historiker dazu bei, sich mit der Geschichte der Mächtigen zu identifizieren. Er bietet »Verkleidungen« an, gerade so, wie die Französische Revolution die römische Toga, die Romantik die Waffenrüstung des Ritters oder die Wagnerepoche das Schwert des germanischen Helden angeboten haben. Dies täuscht jedoch nicht darüber hinweg, dass es sich um einen »Trödelmarkt fehlender Identitäten« handelt. (1987, 85)

In ausdrücklicher Berufung auf Nietzsche und ähnlich wie Benjamin beansprucht Foucault einen »kritischen Gebrauch der Historie«, in der solche Kontinuitäten und Identitäten zerstört werden. (1987, 88) Doch im Unterschied zu Nietzsche und ähnlich wie Benjamin versucht Foucault, eine »Gegen-Geschichte« aus der Perspektive der Verlierer und Opfer aufzubieten. (vgl. 1996, 117 ff.)

Daher dürfte der Vorwurf der totalen Geschichtsverleugnung nicht gerechtfertigt sein, zumal Foucault nicht wie Burckhardt ins allgemein Menschliche oder wie Nietzsche ins Ungeschichtliche ausweicht. (vgl. Brieler; Veyne) Schließlich versteht sich auch Foucault als Historiker: »Mich als jemanden darzustellen, der Geschichte leugnet, ist wirklich amüsant. Ich schreibe nichts als Geschichte.« (1996, 89) In seiner *Archäologie des Wissens* versucht Foucault, gegen das historische Kontinuum der Geschichtsphilosophie und des Historismus ein Modell alternativer Kontinuitätsserien zu konstruieren. Und die konkreten Durchführungen wie *Überwachen und Strafen* zeigen, wie sehr selbst Foucault an einer verborgenen Kontinuität der Geschichte, ja sogar an der Steigerung des Zivilisationsprozesses festhält.

6. Ende der Geschichtserzählung (Lyotard)

Auch Jean-François Lyotard (1924-1998) hat keine zusammenhängende Philosophie der Geschichte geschrieben. Gleichwohl lohnt sich eine Darstellung am Schluss dieses Kapitels zum Posthistoire, weil der Begriff der Postmoderne mit Lyotards Schrift *Das postmoderne Wissen* in die philosophische Debatte Eingang gefunden hat. Ebenso plakativ wie wirksam ist sein Motto vom »Ende der großen Erzählung«. Zwar schließt er sich dem Stand der Forschung an, indem er konstatiert, dass die Darstellung von Geschichte im Wesentlichen eine Erzählung ist. Aber er kehrt dieses Ergebnis ins Negative um, indem er nun behauptet, diese Art Erzählung sei jetzt an ihr Ende gelangt. Wie in den bisher vorgestellten Kritiken vermischen sich bei Lyotard methodologische und inhaltliche Argumente.

Ende der großen Erzählung

Zur Begründung seiner These vom »Ende der großen Erzählung« verwendet Lyotard sprachphilosophische Argumente im Anschluss an Ludwig Wittgenstein (1889-1951). Demnach bewegt sich jeder wissenschaftliche Diskurs in einem Sprachspiel, das jedoch mit den Sprachspielen anderer Wissenschaften nicht kompatibel ist. Wie Lyotard in *Der Widerstreit* (1987a, 12) ausführt, passen die verschiedenen Diskurse nicht zusammen; sie gehen weder ineinander über noch lassen sie sich miteinander vermitteln. Die Kommunikation zwischen den zersplitterten Disziplinen ist gestört oder gar unterbrochen. Daher gibt es auch keine Übergänge vom Diskurs der Einzelwissenschaften zu dem der Philosophie, die nach Orientierungswissen sucht. Von der Wissenschaft führt kein Weg zu humanem Wissen.

Dieses Resultat ist für die Geschichtsphilosophie deshalb so folgenreich, weil sie sich wie kaum eine andere Theorie um die Integration verschiedener Teilbereiche bemüht hat. Ihr Problem bestand immer darin, die historische Forschung, sozialwissenschaftliche Erkenntnisse und philosophisch-ethische Prinzipien in einen übergreifenden Entwicklungszusammenhang zu bringen. Wenn daher Lyotard die Übersetzbarkeit und Synthese verschiedener Wissenschaften grundsätzlich ausschließt, ist die Geschichtsphilosophie davon besonders betroffen. In Lyotards Worten fehlt ihr der Einheit stiftende Meta-Diskurs; sie verfehlt damit die Meta-Erzählung.

Auf diese Weise ist auch das Subjekt der Erzählung abhanden gekommen. Es gibt kein identisches »Wir« mehr, das die *eine* Geschichte erzählen könnte. (40 f.) Das gilt auch für das Referenzsubjekt »Menschheit«, über die eine derartige Geschichte erzählt werden soll. (41, vgl. 43, 48; vgl. Nagl-Docekal 1988)

Im *Sendschreiben zu einer allgemeinen Geschichte* (1987b, 38 ff.), das auf Kant anspielt, fordert Lyotard statt der großen Erzählung die vielen kleinen Erzählungen. An die Stelle des Kollektivsingulars Geschichte soll die Pluralität der Geschichten treten, anstelle von Einheit die Vielfalt.

Scheitern der Moderne

Hinter der Diskurskritik verbergen sich inhaltliche Vorbehalte gegenüber der modernen Zivilisation. Mit dem »Ende der großen Erzählung« ist auch das »Ende der Moderne« oder die so genannte Postmoderne gemeint. In der Tat vertritt Lyotard die These vom »Versagen« der Moderne. (47) Warum ist die Moderne gescheitert?

Wie die Vertreter der *Kritischen Theorie* verweist auch Lyotard auf die Katastrophen des 20. Jahrhunderts, welche die Ideale der Moderne obsolet gemacht haben. Der Fortschritt habe sich ins Grauen verkehrt, statt Befreiung sei die totale Herrschaft, statt Horizonterweiterung die Verstümmelung herausgekommen. Wiederum beklagt Lyotard, dass auch der Marxismus versagt habe. Und Lyotard fügt noch weitere Katastrophen hinzu: Berlin 1953, Budapest 1956, Tschechoslowakei 1968, Polen 1980. Aber auch der moderne Liberalismus verheiße keinen Ausweg, weil er sich zu sehr auf Ökonomie beschränke: »Der Weltmarkt macht keine allgemeine Geschichte im Sinn der Moderne.« (55) Hatte Kant in der Kosmopolitik das Ziel der Geschichte gesehen, sieht Lyotard darin keine Perspektive mehr.

Wenn Lyotard vom Scheitern der Moderne spricht, meint er sehr unterschiedliche Strömungen: Faschismus, Marxismus, Liberalismus. Was üblicherweise als Gegensätze angesehen wird, verschmilzt jetzt zu einer totalen Moderne. Deren große Ideen haben sich nicht nur nicht realisiert, sie haben sich sogar in ihr Gegenteil verkehrt: in erster Linie das Ideal der Emanzipation, dann die Ideen von Freiheit, Bildung, Wahrheit, Fortschritt oder Sozialität. (1986, 54, 96 ff.) Das gilt für die

»christliche Erzählung der Erlösung von der Erbsünde Adams durch Liebe, aufklärerische Erzählung der Emanzipation von der Unkenntnis und der

Knechtschaft durch Erkenntnis und Egalitarismus, spekulative Erzählung der Verwirklichung der universellen Idee durch die Dialektik des Konkreten, marxistische Erzählung der Emanzipation von der Ausbeutung und der Entfremdung durch die Sozialisierung der Arbeit, kapitalistische Erzählung der Emanzipation von der Armut durch die technisch-industrielle Entwicklung« (1987b, 40).

Diese Erzählungen haben nach Lyotard ihre Glaubwürdigkeit eingebüßt. Im Grunde handelt es sich um das Ende der legitimierenden Erzählung. Nicht einmal die negative Geschichtsphilosophie bleibt von diesem Verlust verschont, weil selbst deren Erzählung von der Dekadenz nur ein »Schatten« der großen Erzählung ist. Eine Alternative sieht Lyotard – wie schon Foucault – allein im Rückzug auf lokale Kulturen. (54)
Die tieferen Ursachen für diesen Legitimationsverlust liegen nach Lyotard in der Technisierung und Ökonomisierung, über deren rasantes Fortschreiten er nicht den geringsten Zweifel lässt: »Man kann in diesem Niedergang der Erzählungen eine Wirkung des Aufschwungs der Techniken und Technologien seit dem zweiten Weltkrieg sehen, der das Schwergewicht eher auf die Mittel der Handlung als auf ihre Zwecke verlegt hat.« (1986, 112) In der Wirtschaft zeigt sich dieselbe Verkehrung. Da im ökonomischen Diskurs die Frage der politischen Ethik »Was sollen wir sein?« nicht gestellt werde, folge daraus: »Der Kapitalismus bildet keine Universalgeschichte.« (1987a, 295) Demnach verschwinden Geschichte und Geschichtsphilosophie, weil die kapitalistische Ökonomie die normative Basis menschlichen Handelns zerstört. Hinter der diskurstheoretischen Kritik an der »großen Erzählung« verbirgt sich nicht zuletzt eine Ökonomiekritik.

Ausblick
Geschichtsphilosophie – Historismus – Posthistoire: Versuch einer Synthese

Zum Schluss stellt sich das Problem, wie die drei Typen geschichtsphilosophischen Denkens ins Verhältnis gesetzt werden können (Rohbeck 2020, 29-51). Nachdem in den einzelnen Darstellungen vorwiegend die Unterschiede im Vordergrund standen, geht es jetzt um eine vergleichende Synthese, welche die Gemeinsamkeiten kenntlich machen soll. Besonders die gegenläufigen Tendenzen innerhalb der Großorientierungen bringen Überlagerungen und Überschneidungen zum Vorschein.

Die Kritik an der Geschichtsphilosophie der Aufklärung ist geradezu konstitutiv für Historismus und Posthistoire. Aus heutiger Sicht zeigen sich jedoch mehr Übereinstimmungen, als die Kritiker wahrhaben wollen. Geschichtsphilosophie und Historismus bilden eine Tradition der Historisierung aller Lebensbereiche und der methodisch geleiteten Forschungspraxis. Historismus und Posthistoire sind sich nicht nur in ihrer Ablehnung der Geschichtsphilosophie, sondern auch in der Kritik an der modernen Zivilisation einig. Und zwischen Geschichtsphilosophie und Posthistoire zeigt sich eine überraschende Parallele, die in der Anerkennung der kulturellen Dimension der technischen Zivilisation besteht – trotz oder gerade wegen entgegengesetzter Vorzeichen.

Ziel dieses Versuchs ist eine Aktualisierung der Geschichtsphilosophie, die sowohl methodisch durch den Historismus als auch inhaltlich durch kritische Potenziale des Posthistoire erweitert wird.

Geschichtsphilosophie

Der erste Denktyp ist die klassische *Geschichtsphilosophie*, welche die Entstehung der Moderne und den Prozess der *Modernisierung* zum zentralen Inhalt hatte. Sie ging von der Erfahrung eines beschleunigten und gerichteten sozialen Wandels aus, der in seinen Kernbereichen die Vermehrung wissenschaftlicher Erkenntnisse, den Zuwachs technischer Verfügung und wirtschaftlichen Reichtums sowie die Überwindung räumlicher und sozialer Grenzen bedeutete. Dieser *Prozess der Zivilisation* auf den Gebieten Wissenschaft, Technik und Ökonomie war denn auch die Grundlage für die Idee des Fortschritts. Mit dieser Idee verbanden sich eine Beurteilung des bisherigen Verlaufs der Geschichte, eine Selbstvergewisserung in der gegenwärtigen Situation und bestimmte Erwartungen an die Zukunft.

Dabei hat sich die Geschichtsphilosophie als ambivalent erwiesen. Ihrem eigenen Anspruch nach betreiben die Aufklärer eine *erklärende Historiographie*, die Ergebnisse der neuen Sozialwissenschaften übernahm und auf eine Strukturgeschichte zielte. Daneben bemühten sie eine *Teleologie der Geschichte*, die sich als problematisch erwiesen hat. Doch dahinter verbergen sich vielschichtige Probleme, die erst noch systematisch zu rekonstruieren sind. Dazu gehören die Erzählperspektive, das Problem historischer Entwicklung und die normative Dimension der Geschichtsdarstellung.

Beschränkt man sich auf die *Erzählperspektive*, nimmt sich das *telos* (Ziel) der Geschichte recht bescheiden aus: Es bezeichnet den gegenwärtigen Standpunkt, von dem aus vergangene Geschichte retrospektiv dargestellt wird. Die Gegenwart bildet das vorläufige Ende, aus dessen Sicht die historischen Ereignisse geordnet und interpretiert werden. Erst im Rückblick erhalten sie ihren Sinn und ihre spezifisch historische Bedeutung. Wenn Geschichte nun einmal nicht anders geschrieben werden kann, dann verfährt die Historiographie in diesem schwachen Sinn immer ›teleologisch‹. Die Teleologie steht für den finalen Standpunkt, von dem aus Geschichte rückblickend erzählt wird; sie verleiht der Historie eine narrative Synthesis.

Ebenso lässt sich die historische *Entwicklung* nur nachträglich so interpretieren, *als ob* sie auf ein Ziel hin ausgerichtet sei. Die meisten Geschichtsphilosophen sind sich dieser Problematik bewusst und greifen zu Hypothesen. Turgots »Vorsehung«, Kants »Naturabsicht« oder Hegels »List der Vernunft« sind Metaphern für hypothetische Konstruktionen. Auf keinen Fall ist damit ein ›reales‹ Subjekt gemeint, das die Geschichte aus höherer Warte dirigieren könnte. Vielmehr geht es darum, die beteiligten Individuen als planende Subjekte der Geschichte auszuschließen. Sie können ja tatsächlich nicht wissen, zu welchen Resultaten ihre Handlungen einmal führen werden. Die Menschen handeln zwar im Einzelnen durchaus rational, aber die Rationalität oder Irrationalität des Ganzen können sie weder vorhersehen noch beabsichtigen. Erst aus der späteren Perspektive einer zusammenhängenden und abgeschlossenen Ereignisfolge lassen sich diese Handlungen deuten. So steht die Teleologie für die Evolution in der Geschichte.

Schließlich hat die Teleologie der Geschichte eine *normative* Funktion. Bereits bei einer individuellen Handlung stellt der Zweck die Deutung bzw. Interpretation eines bereits erfolgten Ergebnisses dar – ein Zweck, der dann später als Motiv in den Ursprung einer Handlung zurückprojiziert wird. Ähnlich verhält es sich in der Geschichtsphilosophie. Das postulierte Ziel der Geschichte dient der *Bewertung* vergangener historischer Ereignisse, mit denen sich zugleich Erwartungen an die Zukunft verknüpfen. Zu dieser Bewertung bedarf es eines allgemeinen Maßstabes, anhand dessen die einzelnen Phänomene beurteilt werden können. In diesem Sinn repräsentiert die Fortschrittsidee in erster Linie einen Bewertungsmaßstab. Das behauptete Geschichts-Telos stellt die *Norm* dar, an der vergangene und künftige Ereignisse gemessen werden.

Da ich eine rettende Kritik versuche, halte ich es für möglich, die Teleologie der Geschichte umzuformulieren und im Hinblick auf gegenwärtige Problemlagen fortzuschreiben. Denkbar ist eine Vorstellung von Geschichte, die weder von den Menschen geplant noch von einer höheren Macht geleitet und gleichwohl nicht als Verhängnis empfunden wird.

Historismus

Für den zweiten Denktyp steht der *Historismus*, der zweifellos die methodische Reflexion auf ein höheres Niveau gehoben hat. Doch obwohl sich der Historismus in polemischer Abgrenzung zur Geschichtsphilosophie herausgebildet hat, bestehen nicht nur Gegensätze zwischen diesen beiden Denktypen. Wie sich zeigte, sind während der Epoche der Aufklärung die Begriffe Geschichte und Geschichtsphilosophie überhaupt erst entstanden und ausgearbeitet worden. Unter dieser Voraussetzung steht der Historismus in einem kontinuierlichen Prozess der Historisierung aller Lebensbereiche und der Verwissenschaftlichung der Geschichtsbetrachtung. Bezeichnenderweise gilt das nicht allein für die Methode historischer Forschung und Darstellung, sondern eben auch für die Inhalte der Geschichtsschreibung.

Das Spiegelbild des Posthistoire hat sich im Hinblick auf das materiale Geschichtsdenken als besonders aufschlussreich erwiesen. Denn die Distanzierung von *der* Geschichte überhaupt war so radikal, dass häufig unklar blieb, ob sich die Kritik im Einzelnen gegen die Geschichtsphilosophie oder gegen den Historismus richtete. In dieser programmatischen Unschärfe sehe ich ein Indiz dafür, dass der Historismus wesentliche Merkmale der Geschichtsphilosophie übernommen hat. Dem eigenen Selbstverständnis zufolge steht zwar die Kritik an der Universalgeschichte, Fortschrittsidee und Geschichtsteleologie im Vordergrund. Aber untergründig wirken geschichtsphilosophische Denkmuster weiter fort.

Wie in der Geschichtsphilosophie wird auch im Historismus die Geschichte als ein Kontinuum begriffen. An die Stelle des Fortschritts tritt die Idee der Entwicklung, die eine – wenn auch abgeschwächte – Zielorientierung enthält. Ebenso wenig haben sich die inhaltlichen Bestimmungen des Geschichtsziels wesentlich verändert, wenn man etwa an Droysens »sittliche Mächte« denkt, in denen Hegels »Fortschritt im Bewußtsein der Freiheit« fortgeschrieben wird. Und wenn Troeltsch zur Überwindung der »Krise« des Historismus die philosophische Ethik bemüht, macht er die Normen und Werte aus der Tradition der Aufklärung bis zum deutschen Idealismus geltend.

Die noch tiefere Schicht, welche Geschichtsphilosophie und Historismus zusammenhält, bildet die Auffassung, dass die sich entwickelnden Kulturen von den Menschen geschaffen werden. Diese handlungstheoretische Orientierung ist so grundlegend, dass sie sowohl den Inhalt als auch die Methode prägt. Inhaltlich folgt der Historismus damit dem Programm der Säkularisierung. Und methodisch gründet sich das Verstehen darauf, dass die historischen Zeugnisse als »Ausdruck« vernünftiger Handlungszwecke interpretiert werden.

Seit Vico bildet dieser Zusammenhang das Fundament jeder Philosophie der Geschichte. Doch stellt sich zugleich die Frage, welcher Art die Tätigkeit denn sei, durch welche Geschichte ›gemacht‹ werde. Aufklärer wie Turgot legen hier vor allem das technisch-wissenschaftliche Handeln zu Grunde, Vico denkt hingegen an soziales Handeln innerhalb bestimmter Institutionen. Im Großen und Ganzen knüpft der Historismus an Vico an, indem er den Akzent auf politische und religiöse Kulturen setzt. Doch zeigte sich bei Droysen, wie trotz dieser thematischen Verschiebung die technische Zivilisation anerkannt wird. Arbeit und Technik gelten als kulturelle Leistungen, so dass die technische Zivilisation eine geschichtliche Bedeutung erhält. Wenn Wissenschaft, Technik und Ökonomie ausdrücklich zur Kultur gehören, wird nicht zuletzt in diesem umstrittenen Bereich die Geschichtsphilosophie der Aufklärung fortgesetzt.

Daraus lässt sich die weiter reichende Schlussfolgerung ziehen, dass der Historismus um die Inhalte der Geschichtsphilosophie der Aufklärung bereichert werden sollte (Rüsen 1993, 34 ff.). Dazu gehören die thematischen Felder der technischen Zivilisation und Ökonomie bis zu den Problemen der Globalisierung. Noch grundlegender sind die Erfahrungen mit sozialen Systemen, die ihre Eigendynamik entwickeln und die in den Resultaten von intentionalen Handlungen nicht aufgehen.

Diese Integration gilt auch für das methodologische Selbstverständnis des Historismus, der sich mit der Unterscheidung zwischen *Erklären und Verstehen* von der Geschichtsphilosophie abgegrenzt hatte. Wie erwähnt, hat schon Dilthey diesen Graben zwischen Natur- und Geschichtswissenschaften zu überbrücken versucht. Und wie in der Rezeption bei Ricœur angedeutet, ist in der analytischen Philosophie der Gegensatz zwischen Erklären und Verstehen längst überholt, weil mit dem Verweis auf Handlungszwecke historische Ereignisse auch erklärt werden können. Das gilt auch für die Theorie historischer Erzählung, die den Übergang zum *narrativen Verstehen* wie auch zum *narra-*

tiven Erklären ermöglicht. Diese Entwicklung tendiert zu einer Annäherung: Wenn sich Erklären und Verstehen nicht mehr gegenseitig ausschließen, sind die Methoden von Historismus und Geschichtsphilosophie vereinbar.

Posthistoire

In der Kritik an der Geschichtsphilosophie stimmt das Posthistoire mit dem Historismus überein. Damit verknüpft sich die Kritik an der Fortschrittsidee und an der modernen Zivilisation überhaupt. Das läuft auf eine Aufteilung der Welt in ›Zwei Kulturen‹ hinaus, in diesem Fall auf die Trennung zwischen einer ungeschichtlichen Zivilisation und einer geschichtlichen Kultur. Schon der Historismus hat die Linearität und Universalität des technischen Fortschritts in Frage gestellt, dabei jedoch an den Ideen der Kontinuität und Entwicklung festgehalten. Die Kritik an der historischen Kontinuität wird vom Posthistoire noch einmal radikalisiert, das an die Stelle kontinuierlicher Entwicklungen Bruch und Stillstand setzt.

Trotz dieser Gegensätze sehe ich auch überraschende Gemeinsamkeiten zwischen Geschichtsphilosophie und Posthistoire. Entgegen programmatischer Beteuerungen wirkt das geschichtsphilosophische Denken bei den Kritikern der Geschichtsphilosophie im Verborgenen nach. Wie wir sahen, bedient sich Burckhardt der Denkfigur ›Arbeit des Geistes‹ von Hegel, um den dauernden und zersetzenden Einfluss der Kultur zu charakterisieren. Auch die Verfallsgeschichten von Horkheimer und Adorno schreiben die Geschichtsteleologie im Grunde fort, obwohl – oder gerade weil – sie ins Negative verkehrt wird. Diesem Schema einer negativen Zielgerichtetheit der Geschichte folgt auch Foucault in seinen materialen Beschreibungen von Zivilisationsprozessen.

Umgekehrt enthält die Geschichtsphilosophie erste Ansätze des Posthistoire. Bereits in der Fortschrittstheorie der Aufklärung lässt sich der Gedanke ›Ende der Geschichte‹ finden, weil die Idee der Vervollkommnung zugleich den Abschluss einer Entwicklung suggeriert. Ob die Entfaltung natürlicher Anlagen, die Vollendung der bürgerlichen Gesellschaft oder die Utopie des Weltbürgertums, in jedem Fall kann sich ›nach‹ der Realisierung der Fortschrittsziele nichts wirklich Neues mehr ereignen. Folgt man Hegel bzw. seinen Interpreten, so liegt im postulierten ›Endzweck‹ der Geschichte und in der angeblichen Geschichtslosigkeit der bürgerlichen Gesellschaft der Keim für eine posthistorische Sichtweise. Selbst bei Marx gibt es Anzeichen des Posthistoire, wenn er ein ›Ende‹ der Klassenkämpfe ins Auge fasst und den historischen Prozess so in eine ›Vorgeschichte‹ und eine ›eigentliche Geschichte‹ aufteilt.

Eine weitere unerwartete Gemeinsamkeit zwischen Geschichtsphilosophie und Posthistoire besteht darin, dass beide Richtungen die Probleme der technischen Zivilisation zum beherrschenden Thema machen. Auch wenn in der Betrachtung der Kritischen Theorie und des Posthistoire die negativen Kehrseiten überwiegen, werden die kulturellen Wirkungen der neuen Technologien durchaus anerkannt. Trotz größter ideologischer Gegensätze rückt das Posthistoire in dieser Hinsicht in eine erstaunliche Nähe zur Geschichtsphilosophie der Aufklärung. Dabei zeigt sich ein eigenartiger Widerspruch.

Auf der einen Seite wird die moderne Technik für den Verlust von Sinn und Geschichte verantwortlich gemacht. Dabei beschränkt sich der Vorwurf nicht auf das Phänomen, dass der Sinn kultureller Traditionen allmählich ausgehöhlt wird oder gar verschwindet. Schwerwiegender ist die Klage, dass der technische Fortschritt nicht oder in immer geringerem Maße in der Lage sei, einen eigenen Sinn hervorzubringen. Das sich ausbreitende technische Handeln verdrängt demnach nicht bloß traditionelle Deutungsmuster, sondern enthält seinerseits keinerlei sinnstiftende Potenzen. Die Transformation in einen spezifisch modernen ›Sinn‹, der als kulturelle Folge der technischen Zivilisation zu fassen wäre, wird im Posthistoire ausgeschlossen.

Auf der anderen Seite besteht die Ironie des Posthistoire darin, dass unter dem Titel Kulturverlust und Geschichtsverlust die kulturellen Effekte moderner Technologien durchaus zur Sprache kommen. Zwar sprechen einige Vertreter des Posthistoire der modernen Zivilisation die Kulturfähigkeit ab. Aber zugleich beschreiben sie sehr präzise die Wirkungen, die etwa von den neuen Informations- und Kommunikationstechniken ausgehen. Demnach beeinflussen die modernen Medien unsere Raum- und Zeitwahrnehmungen und damit letztlich auch unser Geschichtsbewusstsein.

Dieser Widerspruch liegt darin begründet, dass es sich offenbar um Wirkungen dieser Techniken handelt, die weder vorhergesehen noch beabsichtigt worden sind. Damit wird natürlich nicht die Planung der Geschichte im Ganzen reklamiert – eine Forderung, die ja bereits seit dem Beginn der Geschichtsphilosophie diskreditiert war; als bedrohlich erscheint vielmehr der Kompetenzverlust der daran beteiligten Menschen. In dieser fundamentalen Tatsache, dass für bestimmte kulturelle Effekte der Technik häufig keine intentionalen Handlungen von Individuen verantwortlich gemacht werden können, sehen die Kulturkritiker nichts anderes als die Ursprünge von Entfremdung.

An dieser Stelle setzen meine Überlegungen zu einer Umdeutung des Posthistoire ein. Aus durchaus zutreffenden Beobachtungen und Analysen versuche ich, andere geschichtsphilosophische Konsequenzen zu ziehen und dadurch die Kritik des Posthistoire in den Kontext einer aktualisierten Geschichtsphilosophie zu übertragen.

Versuch einer Synthese: Kritische Geschichtsphilosophie

Zieht man aus den Gemeinsamkeiten und Unterschieden zwischen den drei Großorientierungen des Geschichtsdenkens ein Resümee, so lässt sich feststellen, dass jeder Denktyp in den anderen Typen enthalten ist. Wenn sich also die geschichtstheoretischen Denktypen nicht gegenseitig ausschließen, sondern ineinander verschränken, ist im Rahmen dieses Ensembles eine Synthese denkbar. Diese Synthese versuche ich mit einer *kritischen Geschichtsphilosophie*, die methodologische Erweiterungen des Historismus und kritische Potenziale des Posthistoire in sich aufnimmt. Denn einige Theoreme der Geschichtsphilosophie sind im 21. Jahrhundert aktueller denn je geworden. Deshalb halte ich eine Aktualisierung dieses Denktyps für möglich.

So hat der Prozess der modernen Zivilisation eine erstaunliche *Kontinuität* bewiesen. (vgl. Rohbeck 2000, 212 ff.) Was während der Aufklärung nur beschworen wurde, ist Realität geworden: Im Aufstieg und Niedergang der Nationen, gerade auch in den Katastrophen unseres Jahrhunderts, ist die wissenschaftliche, technische und ökonomische Entwicklung resistent geblieben. Auf diesem Gebiet wurden die in früheren Universalgeschichten formulierten Erwartungen bei weitem übertroffen. Kein anderer Lebensbereich der Menschen hat eine derartige Homogenität aufzuweisen. Ich vertrete die These einer *Radikalisierung der Moderne*, weil ich in den gegenwärtigen Umbrüchen zugleich auch die Kontinuität typisch moderner Entwicklungstendenzen sehe. Diese Akzentuierung schließt die Vielfalt der Kulturen und damit auch der kulturell unterschiedlichen Modernen ausdrücklich ein. Wenn neuerdings von einer europäischen, amerikanischen und japanischen Moderne die Rede ist, wird zugleich ein gemeinsamer Typus der sich beschleunigenden Moderne vorausgesetzt.

Für ebenso sinnvoll halte ich es, das Konzept der *Universalgeschichte* oder *Weltgeschichte* zu aktualisieren. (vgl. Rohbeck 2000, 159 ff.; 2020, 192 ff.) Da gegen Ende des 18. Jahrhunderts die Entdeckungsreisen zu einem geographisch bedingten Abschluss gekommen waren, entstanden erstmals universelle und systematische Kulturvergleiche. Es war dieser Zusammenhang von Entgrenzung und Begrenzung zugleich, der die Geschichtsphilosophie ermöglicht hat. Unter dem Stichwort *Globalisierung* ist heute der global gewordene praktische Handlungszusammenhang und damit die real gewordene Weltgeschichte anerkannt. Universalgeschichte bedeutet nicht mehr den Siegeszug der europäischen Zivilisation, sondern die *Integration* der vielen Kulturen innerhalb eines neuartigen Kooperationssystems. So sehen Historiker in der Universalgeschichte eine durchaus legitime und besondere Betrachtungsweise, die weiträumige Handlungszusammenhänge zum Gegenstand hat. (Schulin, Osterhammel) Dieser Befund sollte auch Philosophen dazu ermutigen, über die Geschichte im Ganzen neu nachzudenken.

Diese Möglichkeiten, sowohl die *diachrone* als auch die *synchrone* Dimension der Idee der Weltgeschichte zu aktualisieren, demonstrieren: Mit dem Hinweis auf die *Teleologie der Geschichte* ist die Geschichtsphilosophie keineswegs erledigt. Denn erstens geht die Geschichtsphilosophie in der Teleologie nicht auf, wie die strukturgeschichtlichen und erklärenden Bestandteile belegen. Und zweitens birgt die Teleologie selber Einsichten, die eine Umformulierung lohnen.

Das betrifft zunächst die historische Erfahrung der *Kontingenz* (vgl. Koselleck 1979, 260 ff.; Kittsteiner 2004, 10 ff.; Rohbeck 2020, 177 ff.), die zu der Erkenntnis führt, dass sich die Geschichte der menschlichen Planung entzieht. Innerhalb des Geschichtsprozesses können die Menschen nicht vorhersehen, zu welchen Wirkzusammenhängen sich ihre Handlungen künftig fügen werden. Nach den Schrecken des 20. Jahrhunderts und nach den ersten schrecklichen Erfahrungen im 21. Jahrhundert liegt die Schlussfolgerung nahe, sich vom Machbarkeitswahn zu verabschieden.

Doch wenn man die Geschichtsphilosophie in den Kontext der *praktischen Philosophie* stellt, erweist sich eine solche minimale Position als unzureichend. Aus philosophischer Sicht erwartet man eine Handlungsorientierung, die mit dem Hinweis auf die Unverfügbarkeit der Geschichte noch nicht gewährt wird. Obwohl die Geschichte im Ganzen nicht planbar ist, eröffnen sich zu jedem Zeitpunkt begrenzte Spielräume für praktische Eingriffe in das historische Geschehen. Dazu sind moralische Maßstäbe erforderlich, die das praktische Verhalten der Menschen anleiten. Wie wir sahen, steht die Teleologie vor allem für diese normative Dimension der Geschichtsphilosophie. Sie vertritt das Ziel, nach dem vergangene Ereignisse beurteilt werden und an dem sich künftiges Handeln orientieren soll.

Diese Verbindung von *Geschichtsphilosophie und Ethik* zwingt keineswegs dazu, die ›große Erzählung‹ zu verabschieden. Der Einwand, die Geschichtsphilosophie hätte sich an die Stelle der praktischen Philosophie gesetzt und diese ihrer kritischen Potenziale beraubt (Habermas, 9 ff.), trifft jedenfalls für das historische Denken der Aufklärung nicht zu. Auch für die Gegenwart ist der Vorwurf unbegründet, in der Geschichtsphilosophie würden die normativen Geltungsansprüche durch die Faktizität historischer Prozesse ersetzt. Im Gegenteil, die Betrachtung der Geschichte schärft den Blick dafür, welche Ziele in der Vergangenheit nicht realisiert worden sind, in der Gegenwart realisierbar sind und in Zukunft realisiert werden sollten (Rohbeck 2013, 63 ff.; 2020, 216 ff.)

Umgekehrt verliert eine Ethik, welche die historischen Entwicklungen missachtet, den Bezug zur Realität. Wie die Gefahr des Naturalismus zu vermeiden ist, der fälschlicherweise aus dem faktischen Verlauf der Geschichte eine moralische Rechtfertigung zu gewinnen sucht, so besteht auch die entgegengesetzte Gefahr des Normativismus, der darin besteht, dass realitätsferne Normen aufgestellt werden. Auch einige Ethiker können der Versuchung nicht widerstehen, die Welt nach abstrakten Prinzipien verändern zu wollen. Kein Wunder, wenn sich nach erfolglosen Bemühungen Enttäuschung verbreitet. Im Unterschied zur Ethik geht es in der Geschichtsphilosophie weniger um die Begründung als um die langfristige Verwirklichung moralischer Ziele. Die Geschichtsphilosophie repräsentiert gegenüber der Ethik das Realitätsprinzip.

Die Aufgabe einer kritischen Geschichtsphilosophie besteht also darin, das Unabgegoltene der Geschichte freizulegen, um die gegenwärtigen Lebensbedingungen nach ethischen Maßstäben verändern zu können. Dazu ist die angebliche Linearität und Abgeschlossenheit der Geschichte in Frage zu stellen, damit die Geschichte als vielfältiger und offener Prozess denkbar wird. Das bedeutet keine prinzipielle Abkehr von der Idee eines historischen Kontinuums. Denn die Geschichte ist zwar nicht als linearer Fortschritt, wohl aber als Entwicklungszusammenhang vorzustellen, in dem Alternativen konzipierbar und realisierbar sind. Es kommt nicht darauf an, die Kontinuität als solche aufzubrechen, sondern alternative Traditionslinien zu erschließen. Eine solche Reflexion auf genutzte und versäumte Möglichkeiten kann dazu dienen, in der Gegenwart mehr Sensibilität für Handlungsalternativen zu fördern.

Unter diesen Voraussetzungen ist die Entwicklung der technischen Zivilisation ein zentrales geschichtsphilosophisches Thema. Demnach bedeuten neue Techniken nicht pauschal Kultur- und Geschichtsverlust, sondern eröffnen auch neue Horizonte für nicht vorhergesehene und nicht intendierte Handlungsmöglichkeiten. Neue technische Mittel erweitern die Gebrauchsmöglichkeiten und damit die Bedingungen für einen anderen gesellschaftlichen Gebrauch der Technik. Sie repräsentieren *reale Möglichkeiten*, an denen sich eine Gesellschaft orientieren kann, um das ethisch gerechtfertigte Machbare zu bestimmen. (Rohbeck 1993, 244 ff.; 2000, 87) Dabei handelt es sich um jeweils vielfältige Möglichkeiten, deren Realisierung durch die Technik keineswegs determiniert ist.

Um diesen Spielraum zwischen Determinierung und Horizonteröffnung zu kennzeichnen, verwende ich den Begriff der *Angemessenheit* als eine geschichtsphilosophische Kategorie. Sie bezieht sich auf das sich wandelnde Verhältnis von faktischen Bedingungen und normativen Vorstellungen, in diesem Fall von technischen Mitteln und ethisch gerechtfertigten Zielen.

Auf der einen Seite leiten die Ziele unser Handeln; sie werden zu praktischen Zwecken, wenn sie mit Hilfe bestimmter Mittel realisiert werden. Diese Mittel sind *angemessen*, wenn sie die Funktion der Zweckrealisation erfüllen; ›angemessen‹ bedeutet daher zunächst zweckmäßig, brauchbar oder nützlich. Im historischen Kontext bedeutet Angemessenheit: Wenn bestimmte Ziele anerkannt sind, sollen die dazu erforderlichen Mittel auch tatsächlich eingesetzt oder geschaffen werden. Eine dynamische Zielsetzung gilt so als Motor der technischen Entwicklung. Wenn sich die Ziele erweitern, gelten die alten Mittel als nicht mehr angemessen und werden durch neue Techniken ersetzt.

Auf der anderen Seite erweitern auch die Mittel den Horizont möglicher Handlungen und damit zugleich das Feld der Zwecksetzungen. Das umgekehrte Verhältnis von Zweck und Mittel ist historisch nicht weniger wirkmächtig. Eine solche Rückwirkung wurde von vielen Geschichtsphilosophen entdeckt: von den Vertretern der Aufklärung bis Marx und sogar von Burckhardt. Für die Kategorie der *Angemessenheit* folgt aus dieser Umkehrung: Auch die Zwecke sollen den technischen Mitteln angemessen sein. Denn wenn ein neues Handlungsziel entsteht, weil es technisch erreichbar geworden ist, entsteht die Erwartung, diese Möglichkeit zu realisieren.

Diese Art Angemessenheit ist nicht mit blinder Anpassung an den technischen Fortschritt zu verwechseln. Leitend bleiben nach wie vor die ethisch legitimierten Ziele. Generell spricht man von der Idee des guten Lebens oder von Werten wie Wohlstand, Sicherheit, Freiheit, Gesundheit usw. Hinzu kommen Werte wie Mobilität und Kommunikation, welche durch die moderne Zivilisation verstärkt, wenn nicht sogar erzeugt worden sind. Doch was darunter in bestimmten Situationen zu verstehen ist und wie diese allgemeinen Ziele in konkrete Handlungszwecke umzusetzen sind, hängt eben *auch* von den Realisierungsmöglichkeiten ab. Es ist jeweils genau zu prüfen, in welchem Maße die so modifizierten Ziele nicht nur den technischen Möglichkeiten, sondern auch den sozial und ökologisch verantwortbaren Wertvorstellungen angemessen sind.

Im Zuge der Globalisierung gerät dabei die Ungleichheit der Reichtümer zwischen verschiedenen Ländern und Regionen immer schärfer in den Blick. Aus historischer Perspektive liegen diesem Phänomen ›ungleichzeitige‹ Entwicklungen zu Grunde, die zu unterschiedlichen Niveaus der modernen Zivilisation geführt haben. Auch im Fall globaler Vergleichbarkeit kann man von Angemessenheit oder Unangemessenheit sprechen. Wenn die Bevölkerung eines Landes den höheren Lebensstandard in einem anderen Land kennen lernt, kann sie daraus die Erwartung gleicher Verhältnisse ableiten. (vgl. Burgio) Aus dem Vergleich gewinnen die Menschen nicht nur neue Maßstäbe für die Beurteilung der eigenen Zivilisation, sondern eben auch Kriterien der Realisierbarkeit lang gehegter Wünsche. Auf diese Weise wird der geschichtsphilosophische Begriff der Ungleichzeitigkeit zu einer kritischen Kategorie.

Angemessen ist also ein sozialer Zustand, wenn ein bestimmtes Niveau der wissenschaftlich-technischen und ökonomischen Entwicklung eine bestimmte Lebensweise auf einem bestimmten Niveau der Kultur möglich macht. Daran knüpft sich für die Zukunft die Erwartung, neue Möglichkeiten auch zu realisieren. In politischen Kontexten gehen daraus bestimmte Forderungen hervor, die darauf dringen, das technisch und ökonomisch Mögliche in die Tat umzusetzen.

Anhang

Literatur

Primärtexte

Adorno, Theodor W., Negative Dialektik, Frankfurt/M.: Suhrkamp 1970

Anders, Günther, Die Antiquiertheit des Menschen, 2 Bände, München: Beck 1956 und 1980

Benjamin, Walter, Gesammelte Schriften, hg. von Rolf Tiedemann und Hermann Schweppenhäuser, Frankfurt/M.: Suhrkamp 1974

Bossuet, Jacques-Bénigne, Discours sur l'histoire universelle, Paris: Garnier-Flammarion 1966

Burckhardt, Jacob, Weltgeschichtliche Betrachtungen, in: Jacob Burckhardt Werke, Band 10: Aesthetik der bildenden Kunst. Über das Studium der Geschichte [u.a.], aus dem Nachlaß hg. von Peter Ganz, München: Beck; Basel: Schwabe 2000, 349-558

Condorcet, Marie-Jean-Antoine-Nicolas Caritat de, Entwurf einer historischen Darstellung der Fortschritte des menschlichen Geistes, hg. von Wilhelm Alff, Frankfurt/M.: Suhrkamp 1976

Danto, Arthur C., Analytische Philosophie der Geschichte, Frankfurt/M.: Suhrkamp 1974

Dilthey, Wilhelm, Der Aufbau der geschichtlichen Welt in den Geisteswissenschaften, hg. von M. Riedel, Frankfurt/M.: Suhrkamp 1970

Droysen, Johann Gustav, Historik, Textausgabe von Peter Leyh, Stuttgart-Bad Cannstatt: Frommann-Holzboog 1977

Ferguson, Adam, Versuch über die Geschichte der bürgerl. Gesellschaft, hg. von Zwi Batscha und Hans Medick, Frankfurt/M.: Suhrkamp 1988

Foucault, Michel, Archäologie des Wissens, übers. von Ulrich Köppen, Frankfurt/M.: Suhrkamp 1981

Foucault, Michel, In Verteidigung der Gesellschaft. Vorlesungen am Collège de France 1975-76, übers. von Michaela Ott, Frankfurt/M.: Suhrkamp 1999

Foucault, Michel, Von der Subversion des Wissens, hg. und übers. von Walter Seitter, Frankfurt/M.: Fischer 1987

Foucault, Michel, Der Mensch ist ein Erfahrungstier, übers. von Horst Brühmann, Frankfurt/M.: Suhrkamp 1996

Fukuyama, Francis, Das Ende der Geschichte, München: Kindler 1992

Gehlen, Arnold, »Ende der Geschichte? Zur Lage der Menschen im Posthistoire«, in: Oskar Schatz (Hg.), Was wird aus dem Menschen? Graz, Wien, Köln: Styria 1974, 61-75

Hegel, Georg Wilhelm Friedrich, Werke in 20 Bänden, hg. von Eva Moldenhauer und Karl Markus Michel, Frankfurt/M.: Suhrkamp 1969

Hempel, Carl G., »The function of general laws in history«, in: Patrick Gardiner (ed.), Theories of history, New York: Free Press 1959, 344-356

Herder, Johann Gottfried, Auch eine Philosophie der Geschichte zur Bildung der Menschheit, Nachwort von Hans-Georg Gadamer, Frankfurt/M.: Suhrkamp 1967

Horkheimer, Max/Adorno, Theodor W., Dialektik der Aufklärung, in: Max Horkheimer, Gesammelte Schriften, Band 5, hg. von Gunzelin Schmid Noerr, Frankfurt/M.: Fischer 1987

Kant, Immanuel, Werke in 12 Bänden, hg. von Wilhelm Weischedel, Frankfurt/M.: Suhrlamp 1965

Lyotard, Jean-François, Das postmoderne Wissen. Ein Bericht, hg. von P. Engelmann, Wien: Passagen 1986

Lyotard, Jean-François, Der Widerstreit, übers. von Joseph Vogl, München: Fink 1987a

Lyotard, Jean-François, Postmoderne für Kinder, übers. von Dorothea Schmidt, Wien: Passagen 1987b

Marx, Karl/Engels, Friedrich, Werke, 39 Bände, 2 Ergänzungsbände, Berlin: Dietz-Verlag 1959 ff.

Nietzsche, Friedrich, Sämtliche Werke. Kritische Studienausgabe in 15 Bänden, hg. von Giorgio Colli und Mazzino Montinari, 2. Aufl., München: dtv; Berlin, New York: de Gruyter 1988

Ranke, Leopold von, Geschichten der romanischen und germanischen Völker, 3. Aufl., Leipzig: Duncker und Humblot 1885

Ranke, Leopold von, Über die Epochen der neueren Geschichte, hist.-krit. Ausgabe, hg. von Theodor Schieder und Hans Bending, München, Wien: Oldenbourg 1971

Ricœur, Paul, Zeit und Erzählung, 3 Bände, München: Fink 1988-1991

Rousseau, Jean-Jacques, Schriften zur Kulturkritik. Die zwei Diskurse von 1750 und 1755, hg. u. übers. von Kurt Weigand, Hamburg: Meiner 1978

Troeltsch, Ernst, Der Historismus und seine Probleme. Erstes (einziges) Buch: Das logische Problem der Geschichtsphilosophie, 2. Neudruck der Ausgabe Tübingen 1922, Aalen: Scientia Verlag 1977

Troeltsch, Ernst, Schriften zur Politik und Kulturphilosophie (1918-1923), hg. von Gangolf Hübinger in Zusammenarbeit mit Johannes Mikuteit, Berlin; New York: de Gruyter 2002

Turgot, Anne Robert Jacques, Über die Fortschritte des menschlichen Geistes, hg. von Johannes Rohbeck und Lieselotte Steinbrügge, Frankfurt/M.: Suhrkamp 1990

Vico, Giovanni Battista: Prinzipien einer neuen Wissenschaft über die gemeinsame Natur der Völker, übers. von Vittorio Hösle und Christoph Jermann, 2 Bände, Hamburg: Felix Meiner 1990

Voltaire, Essay sur l'histoire générale et sur les mœurs et l'esprit des nations, hg. von René Pomeau, 2 Bände, Paris: Garnier-Flammarion 1963

Wright, Georg Henrik von, Erklären und Verstehen, Königstein/Ts.: Athenaeum 1974

White, Hayden, Auch Klio dichtet, Stuttgart: Klett-Cotta 1986

White, Hayden, Die Bedeutung der Form. Erzählstrukturen in der Geschichtsschreibung, Frankfurt/M.: Fischer 1990

White, Hayden, Metahistory. Die historische Einbildungskraft im 19. Jahrhundert in Europa, Frankfurt/M.: Fischer 1991

Sekundärliteratur

Acham, Karl, Analytische Geschichtsphilosophie. Eine kritische Einführung, Freiburg; München: Alber 1974

Angehrn, Emil, Geschichtsphilosophie, Stuttgart u.a.: Kohlhammer 1991

Ankersmit, Frank, »Danto's Philosophy of History in Retrospective«, in: Journal of the Philosophy of History, 3 (2009), 109-135

Arndt, Andreas, Karl Marx, Versuch über den Zusammenhang seiner Theorie, 2. Aufl., Berlin: Akademie Verlag 2012

Arndt, Andreas, Die Arbeit der Philosophie, Berlin: Parerga 2003

Baumgartner, Hans-Michael, »Philosophie der Geschichte nach dem Ende der Geschichtsphilosophie. Bemerkungen zum gegenwärtigen Stand geschichtsphilosophischen Denkens«, in: Nagl-Docekal, Herta (Hg.), Der Sinn des Historischen, Frankfurt/M.: Fischer 1996, 151-172

Bialas, Wolfgang, Geschichtsphilosophie in kritischer Absicht im Übergang zu einer Teleologie der Apokalypse. Die Frankfurter Schule und die Geschichte, Frankfurt/M.: Peter Lang 1994

Blanke, Horst Walter, »Aufklärungshistorie und Historismus: Bruch und Kontinuität«, in: Oexle, Otto Gerhard/Rüsen, Jörn (Hg.), Historismus in den Kulturwissenschaften heute. Geschichtskonzepte, historische Einschätzungen, Grundlagenprobleme, Köln u.a.: Böhlau 1996, 69-97

Blumenberg, Hans, Lebenszeit und Weltzeit, 3. Aufl., Frankfurt/M.: Suhrkamp 1986

Boehm, Gottfried, »Genese und Geltung: Jacob Burckhardts Kritik des Historismus«, in: Guggisberg, Hans Rudolf (Hg.), Umgang mit Jacob Burckhardt, Basel: Schwabe; München: Beck 1994, 79-86

Borchmeyer, Dieter (Hg.), »Vom Nutzen und Nachteil der Historie für das Leben«. Nietzsche und die Erinnerung in der Moderne, Frankfurt/M.: Suhrkamp 1996

Brieler, Ulrich, Die Unerbittlichkeit der Historizität. Foucault als Historiker, Köln u.a.: Böhlau 1998

Bubner, Rüdiger/Mesch, Walter (Hgg.), Die Weltgeschichte – das Weltgericht? Stuttgart: Klett-Cotta 2001

Bulthaup, Peter (Hg.), Materialien zu Benjamins Thesen ›Über den Begriff der Geschichte‹. Beiträge und Interpretationen, Frankfurt/M.: Suhrkamp 1975

Burgio, Alberto, »Allgemeine Geschichte und kollektives Selbstbewusstsein. Zur ›Krise der Moderne‹«, in: Rohbeck, Johannes/ Nagl-Docekal, Herta (Hgg.), Geschichtsphilosophie und Kulturkritik. Historische und Systematische Studien, Darmstadt: WBG 2003, 118-135

Cacciatore, Giuseppe, Metaphysik, Poesie und Geschichte. Über die Philosophie von Giambattista Vico, Berlin: Akademie Verlag 2002

Fellmann, Ferdinand, Das Vico-Axiom: Der Mensch macht die Geschichte, Freiburg; München: Alber 1976

Fleischer, Helmut, Marxismus und Geschichte, Frankfurt/M.: Suhrkamp 1970

Furth, Peter, Phänomenologie der Enttäuschungen. Ideologiekritik nachtotalitär, Frankfurt/M.: Fischer 1991

Geyer, Carl-Friedrich, Aporien des Metaphysik- und Geschichtsbegriffs der kritischen Theorie, Darmstadt: WBG 1980

Gil, Thomas, Kritik der klassischen Geschichtsphilosophie, Stuttgart: M und P, Verlag für Wissenschaft und Forschung 1999

Graf, Friedrich Wilhelm, Ernst Troeltschs »Historismus«. Troeltsch-Studien, Band 11, Gütersloh: Gütersloher Verlagsanstalt 2000

Große, Jürgen, Typus und Geschichte. Eine Jacob-Burckhardt-Interpretation, Köln u.a.: Böhlau 1991

Große, Jürgen, Kritik der Geschichte. Probleme und Formen seit 1800, Tübingen: Mohr Siebeck, 2006

Guggisberg, Hans Rudolf (Hg.), Umgang mit Jacob Burckhardt, Basel: Schwabe; München: Beck 1994

Habermas, Jürgen, Der philosophische Diskurs der Moderne, Frankfurt/M.: Suhrkamp 1985

Höffe, Ottfried, »Völkerbund oder Weltrepublik?«, in: ders. (Hg.), Immanuel Kant. Zum ewigen Frieden, Berlin: Akademie-Verlag 1995, 109-132

Jaeger, Friedrich/Rüsen, Jörn, Geschichte des Historismus. Eine Einführung, München: Beck 1992

Jung, Matthias, Dilthey zur Einführung, Hamburg: Junius 1996

Kittsteiner, Heinz-Dieter, Naturabsicht und Unsichtbare Hand, Frankfurt/M.: Ullstein 1980

Kittsteiner, Heinz-Dieter, Listen der Vernunft. Motive geschichtsphilosophischen Denkens, Frankfurt/M.: Fischer 1998

Kittsteiner, Heinz-Dieter, Out of Control. Über die Unverfügbarkeit des historischen Prozesses, Berlin; Wien: Philo 2004

Kleingeld, Pauline, Fortschritt und Vernunft: Zur Geschichtsphilosophie Kants, Würzburg: Königshausen und Neumann 1995

Koselleck, Reinhart: Artikel »Fortschritt«, in: Geschichtliche Grundbegriffe, Band 2, hg. von O. Brunner, W. Conze und R. Koselleck, Stuttgart: Klett 1975a, 351-423

Koselleck, Reinhart, Artikel »Geschichte«, in: Geschichtliche Grundbegriffe, Band 2, hg. von O. Brunner, W. Conze und R. Koselleck, Stuttgart: Klett 1975b, 593-717

Koselleck, Reinhart, Vergangene Zukunft. Zur Semantik geschichtlicher Zeiten, Frankfurt/M.: Suhrkamp 1979

Kramer, Sven, Walter Benjamin zur Einführung, Hamburg: Junius 2003

Küttler, Wolfgang/Rüsen, Jörn/Schulin, Ernst (Hgg.), Geschichtsdiskurs, 5 Bände, Frankfurt/M.: Fischer 1993 ff.

Lembeck, Karl-Heinz (Hg.), Geschichtsphilosophie, München: Alber 2000

Lipperheide, Christian, Nietzsches Geschichtsstrategien. Die rhetorische Neuorganisation der Geschichte. Würzburg: Königshausen und Neumann 1999

Lorenz, Chris, Konstruktion der Vergangenheit. Eine Einführung in die Geschichtstheorie, Köln u.a.: Böhlau 1997

Löwith, Karl, Weltgeschichte und Heilsgeschehen. Die theologischen Voraussetzungen der Geschichtsphilosophie, Stuttgart: Kohlhammer 1953

Lübbe, Hermann, Geschichtsbegriff und Geschichtsinteresse. Analytik und Pragmatik der Historie, Basel; Stuttgart: Schwabe 1977

Lübbe, Hermann, Geschichtsphilosophie. Verbliebene Funktionen, Erlangen; Jena: Palm und Enke 1993

Lutz-Bachmann, Matthias, Geschichte und Subjekt. Zum Begriff der Geschichtsphilosophie bei Immanuel Kant und Karl Marx, Freiburg; München: Alber 1988

Mäder, Denis, Fortschritt bei Marx, Berlin: Akademie Verlag 2010

Marquard, Odo, Schwierigkeiten mit der Geschichtsphilosophie, Frankfurt/M.: Suhrkamp 1973a

Marquard, Odo: »Beitrag zur Philosophie der Geschichte des Abschieds von der Philosophie der Geschichte«, in: Poetik und Hermeneutik V. Geschichte – Ereignis und Erzählung, hg. von Reinhart Koselleck und Wolf-Dieter Stempel, München: Fink 1973b, 241-250

Marquard, Odo: »Zeit und Endlichkeit«, in: Baumgartner, Hans Michael (Hg.), Das Rätsel der Zeit. Philosophische Analysen, Freiburg; München: Alber 1993, 363-377

Meinecke, Friedrich, Die Entstehung des Historismus, 2 Bände, München; Berlin: Oldenbourg 1936

Meran, Josef, Theorien in der Geschichtswissenschaft. Die Diskussion über die Wissenschaftlichkeit der Geschichte, Göttingen: Vandenhoeck und Ruprecht 1985

Muhlack, Ulrich, Geschichtswissenschaft im Humanismus und in der Aufklärung. Die Vorgeschichte des Historismus, München: Beck 1991

Nagl-Docekal, Herta, »Das heimliche Subjekt Lyotards«, in: Frank, Manfred u.a. (Hg.), Die Frage nach dem Subjekt, Frankfurt/M.: Suhrkamp 1988, 230-246

Nagl-Docekal, Herta (Hg.), Der Sinn des Historischen. Geschichtsphilosophische Debatten, Frankfurt/M.: Fischer 1996

Nagl-Docekal, Herta, »Ist Geschichtsphilosophie heute noch möglich?«, in: dies. (Hg.), Der Sinn des Historischen, Frankfurt/M.: Fischer 1996, 7-63

Niethammer, Lutz; Mitarbeit Dirk van Laak, Posthistoire. Ist die Geschichte zu Ende? Reinbek: Rowohlt 1989

Osterhammel, Jürgen, Geschichtswissenschaft jenseits des Nationalstaates, Göttingen: Vandenhoeck und Ruprecht 2001

Ottmann, Henning, »Die Weltgeschichte«, in: Siep, Ludwig (Hg.), G.W.F. Hegel, Grundlinien der Philosophie des Rechts, Berlin: Akademie-Verlag 1997, S. 267-286

Rohbeck, Johannes, Die Fortschrittstheorie der Aufklärung, Frankfurt/M.; New York: Campus 1987

Rohbeck, Johannes, Technologische Urteilskraft. Zu einer Ethik technischen Handelns, Frankfurt/M.: Suhrkamp 1993

Rohbeck, Johannes, Technik – Kultur – Geschichte. Eine Rehabilitierung der Geschichtsphilosophie, Frankfurt/M.: Suhrkamp 2000

Rohbeck, Johannes, Aufklärung und Geschichte, Berlin: Akademie Verlag 2010

Rohbeck, Johannes, Zukunft der Geschichte. Geschichtsphilosophie und Zukunftsethik, Berlin: Akademie Verlag 2013

Rohbeck, Johannes, Integrative Geschichtsphilosophie in Zeiten der Globalisierung, Berlin: De Gruyter 2020

Rüsen, Jörn, Konfigurationen des Historismus. Studien zur deutschen Wissenskultur, Frankfurt/M.: Suhrkamp 1993

Rüsen, Jörn, Historische Orientierung. Über die Arbeit des Geschichtsbewußtseins, sich in der Zeit zurechtzufinden, Köln u.a.: Böhlau 1994

Rüsen, Jörn, »Historismus als Wissenschaftsparadigma«, in: Oexle, Otto Gerhard/Rüsen, Jörn (Hgg.), Historismus in den Kulturwissenschaften heute. Geschichtskonzepte, historische Einschätzungen, Grundlagenprobleme, Köln u.a.: Böhlau 1996, 119-137

Schaeffler, Richard: Einführung in die Geschichtsphilosophie, Darmstadt: WBG 1973

Schiffer, Werner, Theorien der Geschichtsschreibung und ihre erzähltheoretische Relevanz. Danto, Habermas, Baumgartner, Droysen, Stuttgart: Metzler 1980

Schlobach, Jochen, Zyklentheorie und Epochenmetaphorik, München: Fink 1980

Schnädelbach, Herbert, Geschichtsphilosophie nach Hegel. Die Probleme des Historismus, Freiburg; München: Alber 1974

Schulin, Ernst (Hg.), Universalgeschichte, Köln: Kiepenheuer und Witsch 1974

Schuppe, Christian-Georg, Der andere Droysen. Neue Aspekte seiner Theorie der Geschichtswissenschaft, Stuttgart: Franz Steiner Verlag 1998

Sommer, Urs, Sinnstiftung durch Geschichte? Zur Entstehung spekulativ-universalistischer Geschichtsphilosophie zwischen Bayle und Kant, Basel: Schwabe 2006

Steenblock, Volker, Transformationen des Historismus, München: Fink 1991

Stekeler-Weithofer, Pirmin, »Vorsehung und Entwicklung in Hegels Geschichtsphilosophie«, in: Bubner, Rüdiger/Mesch, Walter (Hgg.), Die Weltgeschichte – das Weltgericht? Stuttgart: Klett-Cotta 2001, 141-168

Stückrath, Jörn/Zbinden, Jürg (Hgg.), Metageschichte: Hayden White und Paul Ricœur, Baden-Baden: Nomos Verlagsgesellschaft 1997

Thielen, Joachim, Wilhelm Dilthey und die Entwicklung der geschichtlichen Denkens in Deutschland im ausgehenden 19. Jahrhundert, Königshausen und Neumann: Würzburg 1999

Thies, Christian, Geschichte, Berlin: De Gruyter 2021.

Toulmin, Stephen/Goodfield, Jane, Entdeckung der Zeit, Frankfurt/M.: Fischer 1985

Veyne, Paul, Foucault: Die Revolutionierung der Geschichte, übers. von Gustav Roßler, Frankfurt/M.: Suhrkamp 1992

Zill, Rüdiger, »Die Tropen des Historischen. Hayden White und Hegel«, in: Arndt, Andreas/Bal, Karol/Ottmann, Henning (Hg.), Hegel-Jahrbuch 1995, Berlin: Akademie-Verlag 1996, 84-93

Zwenger, Thomas, Geschichtsphilosophie. Eine kritische Grundlegung, Darmstadt: WBG 2008

Johannes Rohbeck, geb. 1947, war von 1993 bis 2012 Professor für Praktische Philosophie und Didaktik der Philosophie an der Technischen Universität Dresden; dort von 2012 bis 2015 Seniorprofessor; bis Oktober 2018 Seniorprofessor für Forschung; im Wintersemester 2018/19 Gastprofessor an der Universidad Carlos III in Madrid. Mitherausgeber des *Grundrisses der Geschichte der Philosophie* (begründet von Friedrich Ueberweg), Reihe 18. Jahrhundert, Romanische Länder; beratender Mitherausgeber der *Zeitschrift für Didaktik der Philosophie und Ethik*; Herausgeber des *Jahrbuchs für Didaktik der Philosophie und Ethik*.

Buchveröffentlichungen
Egoismus und Sympathie. David Humes Gesellschafts- und Erkenntnistheorie (1978); Die Fortschrittstheorie der Aufklärung. Französische und englische Geschichtsphilosophie in der zweiten Hälfte des 18. Jahrhunderts (1987); Technologische Urteilskraft. Zu einer Ethik technischen Handelns (1993); Technik – Kultur – Geschichte. Eine Rehabilitierung der Geschichtsphilosophie (2000); Zukunft der Geschichte. Geschichtsphilosophie und Zukunftsethik (2013); Integrative Geschichtsphilosophie in Zeiten der Globalisierung (2020); Moderne Aufklärung. Erkenntnisse für die Krisen der Gegenwart (2023).

Herausgeber
Nachdenken über die Geschichte. Texte und Fragen zur Geschichtsphilosophie (mit Gerhard Voigt, 1984, 2. Auflage 1992); Anne Robert Jacques Turgot. Über die Fortschritte des menschlichen Geistes (mit Lieselotte Steinbrügge, 1990); Philosophie und Weltanschauung (1999); Auf dem Weg zur Universität. Kulturwissenschaften in Dresden 1887-1945 (mit Hans-Ulrich Wöhler, 2002); Aufklärung und Aufklärungskritik in Frankreich. Selbstdeutungen des 18. Jahrhunderts im Spiegel der Zeitgenossen (mit Sonja Asal, 2003); Praktische Philosophie (2003); Geschichtsphilosophie und Kulturkritik. Historische und systematische Studien (mit Herta Nagl-Docekal, 2003); Philosophie. Geschichte, Disziplinen, Kompetenzen (mit Peggy H. Breitenstein, 2011); Jean-Jacques Rousseau: Die beiden Diskurse zur Zivilisationskritik (mit Lieselotte Steinbrügge, 2015); Philosophy of Globalization (mit Concha Roldán und Daniel Brauer 2018).